# 图腾与禁忌

[奥] 西格蒙德·弗洛伊德 著

赵立玮 译

# TOTEM AND TABOO

中央编译出版社
Central Compilation & Translation Press

图书在版编目（CIP）数据

图腾与禁忌/（奥）西格蒙德·弗洛伊德著；赵立玮译. -- 北京：中央编译出版社，2024.6

ISBN 978-7-5117-4397-8

Ⅰ.①图… Ⅱ.①西… ②赵… Ⅲ.①图腾-禁忌 ②精神分析 Ⅳ.① B933 ② B84-065

中国版本图书馆 CIP 数据核字（2023）第 059105 号

**图腾与禁忌**

| | |
|---|---|
| 责任编辑 | 郑永杰 |
| 责任印制 | 李　颖 |
| 出版发行 | 中央编译出版社 |
| 网　　址 | www.cctpcm.com |
| 地　　址 | 北京市海淀区北四环西路 69 号（100080） |
| 电　　话 | （010）55627391（总编室）　（010）55627312（编辑室） |
| | （010）55627320（发行）　（010）55627377（网站） |
| 经　　销 | 全国新华书店 |
| 印　　刷 | 北京文昌阁彩色印刷有限责任公司 |
| 开　　本 | 880 毫米 ×1230 毫米 1/32 |
| 字　　数 | 185 千字 |
| 印　　张 | 9.25 |
| 版　　次 | 2024 年 6 月第 1 版 |
| 印　　次 | 2024 年 6 月第 1 次印刷 |
| 定　　价 | 88.00 元 |

新浪微博：@ 中央编译出版社　　微　信：中央编译出版社（ID: cctphome）
淘宝店铺：中央编译出版社直销店（http://shop108367160.taobao.com）　（010）55627331

本社常年法律顾问：北京市吴栾赵阎律师事务所律师　闫　军　梁　勤
凡有印装质量问题，本社负责调换。电话：（010）55627320

# 希伯来文译本序

本书（希伯来文译本）的读者将会发现让自己置身于这样一位作者的情感状态中并不是一件容易的事情：这位作者对于圣典（Holy writ）的语言一无所知；而且，他对于其祖先所信奉的那种宗教就像对于其他任何一种宗教一样是完全陌生的；同时，这位作者还无法（与其民族成员一道）共享一种民族理念。但是，另一方面，这位作者从未否认自己是这个民族的一员，他觉得自己本质上仍是一位犹太人，而且，他也无意去改变自己的这种身份。如果有人问他这样一个问题："既然你已经放弃了你的同胞所共有的那些特征，那么对于你的犹太人身份来说，还会剩下什么呢？"他将这样回答："（还剩下）很多很多，而且还可能是其中最本质的特征，现在他还不能用语言把那种本质特征表达出来；但毫无疑问的是，总有一天他内在的科学精神会使之成为可能。"

因此，当这样一位作者的一部著作被译成了希伯来语，并被放到读者手中，而书中所引用的古老习语正是其日常生活中活生生的语言时，这对于作者来说的确是一种十分独特的体验。而且，这部著作虽然涉及的是宗教和道德之起源问题，但却并没有采用犹太人的观点，也没有格外地偏爱犹太人。不管怎样，本书作者都希望同他的读者一道坚信：公正无偏的科学与新生的犹太民族精神不再形同陌路。

维也纳，1930年12月

# 前 言

下述四篇论文最初（以本书的副标题①为名）发表在由我指导的《意象》（*Imago*）期刊的前两卷上。它们体现了我的下述意图：将精神分析学的观点和发现初步用来解决民族心理学（Völkeipsychologie）中一些悬而未决的问题。这样看来，这几篇论文所提出的方法论问题：一方面可以与威廉·冯特（Wilhelm Wundt）的全面工作作比较，这种工作将非分析性心理学（non-analytic-psychology）的一些假设和研究方法应用于某些相同的主题之上；另一方面，它又可以同精神分析学的苏黎世学派的作品相对照，与前者相反的是，该学派力图借助于取自民族心理学的素材去解决个体心理学（individual psychology）的问题（参见 Jung, 1912, 1913）。我乐于承认，正是上述两种研究给予了我撰写这些论文的最初动力。

我深知我这些研究的不足之处。在此，我不用提及作为

---

① 原书副标题为"原始人与神经症患者在精神生活上的若干共同点"。——译者注

开创性研究所必然具有的那些特征，但是其他一些问题仍需予以简要说明。收入本书的四篇论文旨在引起广大有识之士的兴趣，实际上，除了很少一部分熟悉精神分析学本质特征的读者外，这些论文是不可能被人们理解和赏识的。我们只求它们能在研究此问题的社会人类学、哲学及民俗学学者与精神分析学家之间架起一座相互沟通的桥梁。然而，它们却不能够提供双方所缺少的东西：既不能给前者提供一种关于新的心理分析技术的详细引介，也不能使后者充分掌握一些尚需进一步研究的材料。因此，只要能引起双方研究者的注意，并促使他们相信相互偶尔的合作将会有助于其研究，我就心满意足了。

读者将会发现，作为这本书的两个基本主题——图腾与禁忌——并没有得到同等的对待。我们所提出的关于禁忌这一部分的分析是比较确定的，在解决问题的时候也尽可能试图予以详细阐明。而关于图腾这一部分的研究，我们却只能这样说：在阐释图腾的问题上，精神分析学目前能有所助益的就是这些两种研究上的这种差异与这样一个事实有关，即禁忌（这种现象）仍然存在于我们的生活之中，（而图腾却早已销声匿迹）。尽管（这种禁忌现象）是以一种否定的形式表现出来并且指向另外一种主题，但是它们的心理特征与康德的"绝对律令"（categorical imperative）并无什么不同，都是以一种强迫性的方式发挥作用并排斥任何有意识的动机。相反，图腾崇拜则是某种与我们的当代情感相异的事物，是一种实际上早已被抛弃并被一些更新的形式所取代的宗教—社会制度。在当今各文明民族的宗教、习惯及风俗中，它只留下极其细微的痕迹，即使是在那些仍盛行这种制度的民族中，它也早已被深刻地改变了。人类历史中的社会和技术进步对禁忌所产生的影响要远远小于其对图腾的影响。

　　本书试图通过一些保留在儿童时期的图腾崇拜的遗迹，亦即通过我们的孩子在其成长过程中呈现出来的那些细微迹象，来推导图腾崇拜的原始意义。图腾与禁忌之间的紧密关联又使得我们向着本书提出的假设向前迈进了一步；如果最终的论述使得这一假设看起来很难令人信服，那也没有必要指责它在多大程度上有可能近似于现实，毕竟重建这种现实是如此的艰难。

罗马，1913 年 9 月

# 目 录

第一章　乱伦畏惧　/ 001

第二章　塔布与矛盾情感　/ 031

第三章　泛灵论、巫术与思想全能　/ 121

第四章　图腾崇拜在童年期的再现　/ 161

参考文献　/ 256

译名对照表　/ 267

第一章

# 乱伦畏惧

我们是通过对下列事物的研究而达到对史前人类的了解的：他们遗留下来的无生命的碑石器具，他们关于艺术、宗教及人生观的认识——其中一些是我们直接获得的，另外一些则是以传奇、神话及童话故事的形式经由传统传承给我们的，以及仍残留在我们自己的行为方式及风俗习惯中的古人的思维方式。不过，除此以外，在某种意义上说，他们仍然是我们的同时代人。正如我们所认为的那样，现在仍然生存着一些比我们更加接近原始人类的人群，我们因此将他们视为这些原始人类的直系后裔及其（在现代社会中的）代表。我们就是这样看待那些被我们描述为野蛮和半野蛮的人群的；而且，如果我们真的能在他们的精神生活中寻找到一幅保存完好的关于我们人类发展早期阶段之精神画卷的话，那么我们必定会对他们的精神生活产生一种特殊的研究兴趣。

如果这种推测无误，那么在社会人类学对原始人类之心理状态的研究和精神分析学对现代神经症患者之心理特征的分析之间进行比较，就必定能显示出两者之间众多的一致之处，这种比较也会给这两门学科带来一种新的视角研究其原已熟知的那些事实材料。

不论是出于内在理由抑或外在原因，我都将选择一个最年轻的大洲居民——澳洲的土著部落作为这种比较研究的基础，人类学家将这些土著描绘为野蛮人中最落后和最不幸的一种。我们还可以考察澳洲的动物群落，它们也是最古老的，并且在其他地区已经消亡了。

与其最相近的邻居美拉尼西亚人（Melanesian）、波利尼西亚人（Polynesian）以及马来亚人（Malayan）相比，澳洲土著无论是在体质上还是在语言上，都和他们没有任何的关联性，故被认为是一个独特的种族。这些土著并不建造房屋或固定的棚舍；他们也不耕作土地，除了狗之外他们不饲养任何家畜；他们甚至不知道制作陶器的技艺。他们完全依赖于其猎取的各种动物以及挖掘的植物根茎为生。他们之中没有国王或酋长，公共事务是由一个叫做长老会（the Council of Elders）的机构来决定的。至于说他们是否拥有某些以神明崇拜为形式的宗教，还未可知。与那些居住在沿海地区的部落相比，居住于大陆腹地，极度缺水，生存条件也因此更加艰难的部落在各个方面都可能是最原始的。

我们当然不会期望这些贫穷的、赤身裸体的食人野蛮人的性生活会具有我们文化中的那些道德色彩，或者说其性本能会屈从于某些高级（因素的）制约。然而，我们发现，他们为了避免出现乱伦的性关系而小心翼翼以致严厉到使自己异常痛苦的地步。事实上，他们的整个社会组织都似乎是为此目的而设立的，或者说与此目的大有干系。

在这些澳洲土著部落中,"图腾崇拜"(totemism)制度取代了他们所缺少的所有宗教和社会制度。澳洲的土著部落可再划分为更小的组成部分,或称作氏族(clans),每一个氏族都是以其图腾来命名的。什么是图腾呢?图腾大多是一种动物(不论是可食、无害的,还是危险、可怕的),较少的情况下它也可以是一种植物,或者一种自然现象(诸如雨和水等),它们与整个氏族有着一种特殊的关系。首先,图腾是一个氏族的共同祖先,同时也是其守护神与相助者,这种图腾如果说对其他部落而言是危险的,那么对于本部落来说,它则能够向其部落成员发布神谕,识别并眷顾其子民。反过来,该氏族的成员都要履行一项神圣的义务(这种义务易于被其成员自动认可):即不杀害或者毁坏其图腾,不得食其图腾的肉(或者以其他方式获利于其图腾)。图腾的特征是天生的,这种特征既不是仅仅存在于某些个别的动物身上,也不是仅仅存在于这种动物的整体类别上,而是存在于此种动物的每一个动物身上。在时常进行的节日庆典活动中,该氏族的成员常以仪式上的舞蹈来表现或模仿其图腾的动作和特征。

图腾(崇拜)既可以经由母系传承也可以通过父系来传承。最初,所有的地方可能都盛行母系传承法,父系传承法只是在后来才取代了前者。与其图腾的关系是每一位澳洲土著所有的社会义务之基础:它比其部落成员身份和血缘关系都重要得多。①

崇拜同一图腾的氏族成员并不一定要固定地生活在某一个特定的地域，他们往往散布各处，而且能和崇拜其他图腾的氏族成员和平相处。②

现在，我们终于触及图腾制度中那引起精神分析学家感兴趣的特征了。我们发现，几乎在所有存在着图腾现象的地方，也同时存在着这样一条定律：信仰同一图腾的氏族成员之间禁止发生性关系，并进而禁止通婚。这就是

---

① "图腾这种联结纽带比现代意义上的血缘关系或家庭关系要牢固得多。"（J.G.Frazer，1910，1，p.53）

② 很有必要对图腾制度的这种高度概括进行深入的评论和限定。"图腾"这个词最早是由一位英国人朗（J.Long）于1791年（以"totam"这种拼写形式）从北美印第安人那里介绍而来的。这一主题后来渐渐地引起了学术界的关注，并且产生了大量文献。其中，我认为最重要的有弗雷泽的四卷本巨著《图腾崇拜与族外婚》(*Totemism and Exogamy*，1910）以及安德雷·兰（Andrew Lang）的作品，如《图腾的秘密》(*The Secret of the Totem*，1905）。不过，最早认识到图腾崇拜在史前人类生活中的重要性的则应归功于一位苏格兰人——约翰·弗格森·麦克伦南（John Ferguson Mclennan，1869—1870）。人们发现图腾制度曾经或者依然流行的地区不仅包括澳洲土著生活的地区，而且包括北美印第安人、大洋洲诸民族、东印度群岛土著及大部分非洲人类生活的地区。从某些保留下来的遗迹来推断（除此种解释外不易说得通），图腾崇拜曾经一度存在于欧洲和亚洲的雅利安人（Aryan）和闪米特人（Semitic）的原始族群中。许多研究者因此倾向认为图腾崇拜是人类发展过程中普遍经历的一个必然阶段。

"族外婚"（exogamy），一种与图腾崇拜相关联的（婚姻）制度。

〔在氏族成员中〕严格施行的禁忌（prohibition）是一种值得关注的现象。从我此前所提及的关于图腾的概念或属性中我们是无法预料到这一点的；因此很难理解这种禁忌是如何卷入图腾制度中去的。我们也因此对一些研究者的下列观点不必感到奇怪：他们猜测族外婚最初——在其存在的最早时期里以及在其真正的意义上——与图腾崇拜

---

（接上页）史前人类是如何接纳图腾的呢？也就是说，他们是如何将自己是源自某一种动物这种事实视为其诸多社会义务的基础的？而且正如我们（在后面）即将论述的，他们又是如何使得这种事实成为限制其性关系的基础的？人们在这个研究主题上已经提出了众多的理论解释——威廉·冯特（Wilhelm Wundt, 1906, p.264）就此主题为德国读者提供了一份讨论概要——但并未就此达成一致的看法。我的目的是力求能尽快为图腾崇拜问题提供一种特别的研究。我将尝试借助精神分析的研究思路来解决此问题。（参见本书第四章）

然而，图腾崇拜问题不仅在理论上众说纷纭，就是那些（图腾崇拜的）事实本身也很少能像我在前文中所做的那样用一般化的术语将它们清晰地表达出来。很少有一种陈述不会引起矛盾。但是必须记住这一点，即使是最原始和最落后的民族，在某种意义上也是"古老的"民族，也都拥有一段很长的历史，而且其初始的生活条件已经有了很大的发展和改变。正因为如此，我们才可以在那些今天仍存在着图腾崇拜的民族中既能发现这种崇拜形式衰败和瓦解的各个不同阶段，又可看到它向其他的社会和宗教制度转化的过程，还可以分析其可能已经与其原初大不相同的稳定状态。就这最后一种情形而言，其困难在于：我们如何确定事物的现存状态是真实地反映了其过去的那些重要特征，还是反映的是已经改变了的次属特征。

并无关联,只是在后来当婚姻限制变成必要的某个时期里它才同图腾崇拜联结在一起(尽管这其中并没有任何内在的关联)。然而,图腾崇拜和族外婚之间也许真的存在着关联,而且还是一种十分清楚的牢固关系。

下面的一些深入探讨将使得这种禁忌的意义更加清晰:

(1)违背了上述禁忌所招致的惩罚并不像违背了其他的图腾禁忌(如不可杀死图腾动物)那样使有罪者遭受一种可以称之为"自动的惩罚"(automatic punishment),而是使得整个氏族的人都极其热切地参与复仇,这似乎是在处置一种威胁到整个共同体的危险或者是加之在众人身上的罪恶问题。依据我们的标准来看,那些远远称不上具有道德的野蛮人在处置此类背离行为时是极为严厉的,下面引自 J.G. 弗雷泽的一段文字进行佐证:①

> 在澳洲,与一个被禁止(通婚)的氏族成员发生性关系,对其处罚一般是处死。不论该事件中的女子是同属一族的成员还是在战争中从其他部落掳掠而来的。该氏族的男子若错误地以她为妻,那么他就会遭到其族人的追杀,该女子也会遭到同样的命运。尽管也会出现这样的情况,即在某些情况下,倘若他

---

① J.G.Frazer, 1910, *Totemism and Exogamy*, p.54.

们能成功地逃脱追捕，那么在过了一段时间之后，他们的罪行也可能被饶恕。在新南威尔士（New South Wades）的塔塔蒂（Ta-ta-thi）部落，也有这样一些不太经常发生的事例：事件中的男子被杀死，而相关的女子却只受毒打或矛刺，或者同时遭受两种惩罚，一直到她濒于死亡；并不真杀死她的理由可能是因为她是被迫的。即使是偶尔的偷情也严格适用上述的氏族禁令；任何违背这些禁令的行为"都被视为是十恶不赦的罪行，（违背者）都将被处以死刑"①。

（2）因为同样的严厉惩罚也适用于那些只经历了短暂的性关系却没有生下孩子的对象，这似乎就不可能用具有实用特征的原因来解释这种禁忌。

（3）因为图腾是世代相传而不会随着婚姻关系而改变的，这就很容易探求这种禁忌的后果。例如，在实行母系传承的地方，如果一个袋鼠图腾氏族的男子同一个鸸鹋图腾（the Emu totem）氏族的女子结婚，那么他们所生育的孩子，不论男孩还是女孩，全都属于鸸鹋图腾氏族。这样，图腾禁忌的规则就使得该婚姻所生的儿子不可能与其母亲或姐妹发生乱伦性关系，因为他自己就是鸸鹋图腾氏

---

① Cameron, 1885, p.351.

族的一员。①

（4）但是，只要稍加思考，人们便会发现族外婚与图腾（制度）的效力之间的关联性要比它被用来阻止男人与其母亲和姐妹乱伦的作用重要得多（其"目的"也因此重要得多）。族外婚制通过将其同族的所有女子皆视为其血亲（实际上并无此关系）的方式而使得一个氏族的男子不可能与她们发生性关系（也就是说，他不可能与大量的与其并没有血缘关系的女子发生性关系）。起初，我们很难看出这种禁忌所体现出来的十分宽泛的限制性原则如何具有心理上的正当性，因为这种婚制与现代文明民族中的婚制根本无法比较。然而，我们也许可以从中得出这样的结论，即在这些氏族中，图腾作为氏族成员共同祖先的地位是被氏族成员十分认真地对待的。所有源自同一图腾的人们都是血亲。他们组成一个独立的家庭，在这个家庭中，即使是最疏远的亲戚关系也被视为（其间）性关系的一个绝对的

---

① 另一方面，在所有情况下，从至今所涉及的这种禁忌来看，属于袋鼠图腾氏族的父亲则可以不受限制地与其属于鸸鹋图腾氏族的女儿发生乱伦性关系。然而，如果施行的是父系传承，那么属于袋鼠图腾氏族的父亲则被禁止与其女儿发生乱伦关系（因为他的所有子女都是属于袋鼠图腾氏族的）；他的儿子则可以不受限制地与其母亲发生乱伦关系。这些图腾禁忌的含义提示我们：母系传承要比父系传承古老的多，因为我们有充足的理由认为，图腾禁忌主要是用来限制儿子的乱伦欲望的。

阻碍性因素。

因此，我们发现这些野蛮人对乱伦有着一种异常巨大的畏惧感，或者对此话题高度敏感。而且，他们将这种畏惧感同一种我们仍不清楚的奇特现象——以图腾亲属取代真正的血缘关系——结合在一起。然而，对于这后一种矛盾，我们也不必过分地夸大，而且要记住这一点：禁止真正的乱伦已被作为一种特例包括在图腾禁忌之中。

要想解开图腾氏族是如何取代真实的（血缘）家庭这个谜，首先要搞清楚图腾这种现象的本质。与此同时，还应关注的是，如果在婚姻关系之外存在着某种程度的性自由，那么血缘关系，也包括对乱伦的禁止，都将变得相当的不确定，从而使得图腾禁忌需要一个更加广泛的基础。因此，（在此）值得指出的是：按照澳洲土著的习俗，在某些（特定的）社会场合和节日庆典期间，男人对其女人平日排他性的婚姻独占权利是允许他人染指的。

这些澳洲土著部落[①]在其语言的习惯性用法中展示出一种独特性，毫无疑问，它与此处的论述有关。因为他们在表达不同程度的亲属关系时所使用的词语并不是意指两个个体成员之间而是一个个体与一个群体之间的关系。这就是L.H.摩尔根（L. H. Morgan）所谓的亲属关系的"分

---

① 一如在大多数其他图腾共同体中的情形。

类体系"。这样,当一个人在使用"父亲"这个称呼的时候,他就不仅仅指的是他的亲生父亲,而且指称所有按照族规有可能同其母亲结婚并生下他的其他男人;他使用"母亲"这个称呼也不仅仅指他的亲生母亲,而且指称所有在不违背族规的前提下可能会生下他的其他女人;他使用"兄弟"和"姐妹"这样的称呼也不仅仅指的是他的亲生父母的孩子,而且指称所有那些其父母在(亲属关系)分类意义上与他的父母处于同辈地位的人的子女,如此等等。如此说来,当两个澳洲土著相互使用亲属称谓时,并不像我们自己在使用这些称谓时那样:他们之间并不必然具有某些血缘关系。这些亲属称谓所表达的与其说是生理关系,毋宁说是社会关系。在我们自己的社会生活中也可以发现某些与这种(亲属关系的)分类体系的相似性,例如,我们鼓励孩子们称呼其父母的所有朋友为"叔叔"或"阿姨"。另外,这也像我们在隐喻的意义上所使用的"同业的兄弟们"(Brothersin Apollo)或"教会内的姊妹们"(Sisters in Christ)。

尽管此类用语让我们十分费解,但是,如果我们将之视为L.费森(L.Fison)所谓的"群婚"(group marriage)这种婚姻制度的残余的话,此类用语就不难解释了。群婚制中,一群特定的男子对另一群特定的女子拥有婚姻权利,在这种婚姻制度下出生的孩子也就顺理成章地相互视为兄弟姐妹（尽管并非一母所生），这一特定群体中的所有男子都被他们视为父亲。

虽然像 E. 韦斯特马克（E.Westermarck）这样的学者对于其他学者从（澳洲土著）存在着亲属关系分类体系这一事实中所获得的结论早有置疑，但是那些最熟悉澳洲土著生活的学者却一致认为这种分类体系是群婚制时代遗留下来的一个产物。依据 B. 斯宾塞和 F.J. 吉伦的观点，在今天的乌拉本纳（Urabunna）和迪埃里（Dieri）部落中还确实存在着某种形式的群婚制。① 因此，在这些民族中，群婚制是先于个体婚制（individual marriage）而存在的，而这种婚制在消失之后却仍然在这些民族的语言和风俗中留下清晰的印迹。

然而，一旦我们用群婚制取代个体婚制，那么在我们所提及的这些民族中存在着的对乱伦现象显得过分规避的做法就变得易于理解了。图腾外婚制（totemic exogamy），即禁止同一氏族的成员之间发生性关系的禁忌，显然是防止群体乱伦的恰当方式。因此，虽然其最初存在的理由早已消失，但这种外婚制所确立的乱伦禁忌原则却被牢牢地保存了下来。

因此，我们似乎发现了那导致澳洲土著确立其婚姻限

---

① B.Spencer, F.J.Gillen, 1899, *The Natioe Tribes of Central Australia*, London, P.64.

制规则的动机；不过，我们现在认识到实际情形所揭示的是一种更大的复杂性，而这种复杂性会使人在乍看之下大惑不解，因为在澳洲的土著民族中其图腾禁忌很少会是一种单一的禁忌。大多数的澳洲土著民族是以这种方式组织起来的：一个部落首先分为两大部分，此即所谓的婚姻集团（marriage-classes）或"胞族"（phratries）。每一个胞族都是实行外婚制，并由一定数量的图腾氏族组成，通常每一个胞族再进一步划分为两个"亚胞族"（或姻族）（sub-phratries），整个部落就这样被划分为四个（组成）部分，其中亚胞族（姻族）介于胞族和图腾氏族之间。

下图所表示的就是一个澳洲土著部落具有代表性的组织形式，大部分的实际情形与此类似：

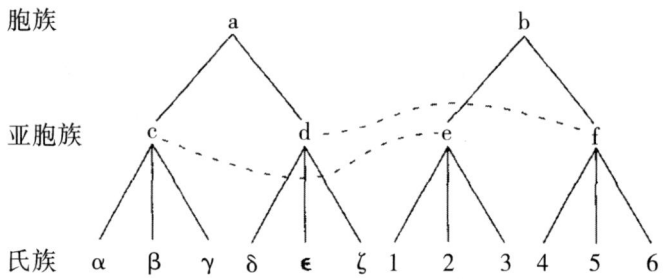

在此，12 个图腾氏族分属于四个亚胞族（姻族）和两个胞族。所有的划分类别都是实行外婚制。① 亚胞族（姻

---

① 此处的图腾氏族数目是随意选择的。

族）c 和 e 构成一个族外婚单元（exogamous unit）；亚胞族（姻族）d 和 f 也是如此。这种社会安排的后果（也是其目的）是毫无疑义的，即产生了一种对婚姻选择和性自由的进一步的限制。且让我们假设每一个氏族所具有的成员数量是相等的。如果一个部落只有 12 个图腾氏族，那么，一个氏族的每一位男子将可以在本部落其他 11 个氏族（11/12）的所有女子中选择他的妻子。在本部落分成两个胞族后，他的选择范围就缩小为 12 个氏族中的 6 个（6/12 或 1/2），如此一来，一名属于图腾氏族 α 的男子就只能娶图腾氏族第 1 至 6 中的一名女子为妻了。随着两个胞族被划分为 4 个亚胞族（姻族），这名男子的婚姻选择范围也再一次缩小到 12 个民族中的 3 个（3/12 或 1/4），在此情形之下，这名属于图腾民族 α 的男子就被限制为只能在图腾民族第 4、5、6 中选择一名女子为妻了。

婚姻集团（在有些部落中，这样的集团多达 8 个）和图腾氏族之间的历史关联完全是晦暗不明的。人们所清楚的仅仅是（原始氏族在组织形式上的）这些安排其目的是直接指向并进一步推进图腾外婚制的。然而，虽然图腾外婚制给人的印象是一种不知其起源的戒律（ordinance），简言之，是一种习俗。但是，婚姻集团及其次级划分和与之相联结的规范所组成的这种复杂制度，看起来更像是（人们）有意识的立法活动的产物；因为图腾禁忌的影响力日趋式微,所以这种制度也许就承担起了防止乱伦复燃的重任。而且,正如我们所了解的,尽管图腾制度是原始部落中社会义务及道德限制的基础,然而,一般来说,胞族的重要意义似乎还未超出规范人们的婚姻选择这个目的之外。

在其之后的发展中,这种婚姻集团制度显示出一种力图超越仅仅对自然的群体乱伦进行预防的功能,而趋于禁止那些还十分疏远的亲属群体之间的通婚。在这一点上,它与天主教会颇为相似,后者将古代那种禁止兄妹间通婚的做法扩展到堂表兄妹之间,甚至是那些纯属精神意义上的亲属关系之间(如教父、教母、教子等)。①

如果我们接下来继续探讨婚姻集团的起源、意义以及它们与图腾之间的关系等此类异常复杂和晦涩的问题,那么这将无助于我们的研究目的。我们的研究目的仅仅是想尽量引起人们对澳洲土著和其他原始民族为了防止乱伦所作出的巨大努力予以关注而已。②

必须承认,这些原始氏族在对待乱伦问题上甚至比我们更加敏感。他们可能是因为易于受到更大的乱伦诱惑,因而也就需要对其予以更加全面的防范。

---

① A.Lang,1910—1911,*Totemism, Encyclopaedia Britannica* 11th ed., 27, 29, p.87.

② A.J. 斯托弗(A.J.Storfer)最近就坚持这一观点。

但是，这些氏族所表现出来的对乱伦的畏惧并没有通过建立我所描述的那些制度而得到缓解，这些制度主要针对的似乎是群体乱伦。我们必须对这些氏族成员用来规范他们自己在与其近亲（在我们使用这个词的意义上）进行个体性交往时所使用的大量"习俗"进行研究，这些习俗因其所具有的宗教严厉性而被严格地遵循，而且其目的几乎不会受到人们的质疑。这些"习俗"或"习俗性禁忌"（customary prohibitions）被称为"回避"。它们远非仅存在于澳洲的图腾氏族中；但是我只能从大量的资料中抽取一些片段来满足我的读者所需。

在美拉尼西亚，此类限制性禁忌支配着一个男孩与其母亲和姐妹的交往。例如，在新赫布里底群岛的勒帕斯岛（Lepers' Island）上，当一个男孩达到一定的年龄时，他就不再住在家里，而必须把他的住处迁到"公屋"（club-house）里去，并在那儿适应其新的吃、住生活。他当然还可以到其父亲家中去要食物，但是如果他的姐妹在家，他就必须在吃饭前离开那儿；如果他的姐妹不在家，他则可以坐在门口吃饭。如果兄弟与姐妹在户外偶然相遇，姐妹必须跑开或躲起来。如果一个男孩确认路上的脚印是其姐妹的，他便不能继续顺那条道前行，反之亦然。事实上，做兄弟的甚至不能叫出其姐妹的名字。而且，如果其姐妹名字的某一部分和一个普通词语相同,他就要避免使用这个词语。这种规避原则始于成年礼(puberty ceremonies),而后保持终生。儿子和母亲之间的矜持随着儿子的长大而增加,而且对于母亲的要求尤胜其子。如果母亲送食物给儿子,她也不是把食物交到儿子的手中,而是将食物放到地上让儿子来取。在与儿子说话时,她不能直称其子为"你"(tutoyer),而是使用更为疏远的第二人称复数形式。①

在新喀里多尼亚(New Caledonia)也盛行着类似的习俗。如果兄弟和其姐妹碰巧在路上相遇,作姐妹的要隐于灌木丛中,而做兄弟的则头也不回地继续前行。②

在新不列颠(New Britain)的加泽尔半岛(the Gazelle Peninsula)的土著中,姑娘在结婚之后便不能同其兄弟说话;她也不能叫他们的名字,却可以用其他名字来称呼他们。③

在新梅克伦堡(New Mecklenburg)群岛,堂表兄弟姐妹之间如同亲兄弟姐妹一样也要遵从类似限制。他们彼

---

① J.G.Frazer(1910,2,第77页以下诸页),转引自 R.H.Codrington, *The Melanesians*, oxford, 1891, p.232)。

② J.G.Frazer(1910,2,p.78),转引自 Lepére Lambert, 1900, *Maurs et superstitions des*, p.114。

③ J.G.Frazer(1910,2,p.124),转引自 R.Parkinson, 1907, *Dreissig Jahre in der südsee, Stutrgart*, p.67。

此之间不可接近，不可握手，不可互送礼物，但是他们可以在保持数步远的距离之外相互交谈。对姐妹乱伦的惩罚是处以绞刑。①

在斐济群岛，这些回避性规则特别严厉，它们不仅适用于具有血缘关系的姐妹，而且用于同部落的同辈姐妹。然而令人大惑不解的是，正是这些野蛮人在进行祭祀狂欢时恰恰寻求与平时明显被禁止的异性亲属发生性关系——也就是说，除非我们将这种强烈的反差解释为禁忌所致，否则就令人费解了。②

在苏门答腊岛的巴塔人（Battas）中，这类回避规则适用于所有的近亲。例如，一个巴塔人会认为一个男孩陪同其姐妹去参加晚会是令人震惊之举。即使是有旁人在场，巴塔男孩和其姐妹在一起都会令其尴尬。如果（兄弟与姐妹中）一方进到屋子里，另一方就得走开。进一步说，一个父亲永远不会和女儿独处一室，同样，一个母亲和儿子亦是如此……报道这些习俗的荷兰传教士补充说，他很遗憾地认为，从他对巴塔人的了解看，他相信保持这些规则对于巴塔人来说是十分必要的，这些人认为孤男寡女独处肯定会导致一种不正当的亲密行为发生。而且，因为他们相信近亲之间的性关系将会招致各种各样的惩罚和灾难，

---

① J.G.Frazer（1910, 2, p.130），转引自 P.G.Peckel, 1908, p.467。
② J.G.Frazer（1910, 2, p.146），转引自 L.Fison, 1885, p.27。

所以就有正当的理由来规避可能导致逾越这些禁忌的任何诱惑。①

非常奇怪的是，在南非德拉瓜湾（Delagoa Bay）的巴隆哥人（Banmgo）中，对于男人最严厉的禁令是关于他和其舅子的妻子（即其妻子之兄弟的妻子）的关系的。不论他在何处遇到这类"可怕之人"（formidable person），都得小心谨慎地避开。他甚至不能与她同桌而食，与之谈话也会局促不安，他不敢进入她所居住的房子，与之打招呼时声音都在发抖。②

在英属东非的阿坎巴人（A-Kamba）（或者叫做瓦坎巴人 [Wa-Kamba]）中，人们能够更经常地发现此类回避规则。一个女孩从其青春期到结婚这段时间里必须回避她的父亲。如果他们在路上碰到了，女儿必须躲起来让其父亲先过去，而且她绝不能走近并坐在其父亲的旁边。这种情形一直持续到她订婚的时候。在她结了婚之后，就完全不必再避开她的父亲了。③

最广泛和最严厉的规避现象（从现代文明的观点看也

---

① J.G.Frazer（1910，2，p.189），转引自 M.Joustra, 1902, *Het leven, de zeden en gewoonten der Bataks*, p.391。

② J.G.Frazer（1910，2，p.388），转引自 H.A.Junod, 1898, *Les Ba-Fionge, Neuchstel*, p.73。

③ J.G.Frazer（1910，2，p.424），转引自 C.W.Hobley（未刊稿）。

是最有趣的）是限制男子与其岳母之间的交往。在澳洲，这种规避十分普遍，而且延伸到美拉尼西亚、波利尼西亚以及非洲的黑人民族地区，凡是存在有图腾崇拜和亲属关系分类体系的民族就会有这种规避现象，而实际情形可能比这个范围还要广泛。其中的一些地区，还存在着一种与此类似的禁止儿媳与其公公正常交往的规避现象，但是这种规避远不如前者那样常见和严厉。在一些更加罕见的例子中，公婆及岳父母都是要回避的对象。因为我们更关注的是这种规避的实质及其目的而非其人种分布，所以我将再次约束自己而仅仅从中引用少数几个例子。

在美拉尼西亚的班克斯群岛（Banks' Islands）上，"这些回避规则是十分严厉和详尽的。男子是不能接近其岳母的，反之亦然。如果两人在路上不期而遇，作为岳母的一方就要离开大道，背过身子，直到其女婿走过，如果男方更加方便的话，也许是他主动给其岳母让路。在帕特森港的瓦努亚拉瓦人（Vanua Lava）中，直到岳母的足迹被涨潮的海水冲洗掉，其女婿才能走进同一片海滩。当然，男子也可以同其岳母站得远远地进行交谈，但是岳母无论如何不能提及其女婿的名字，反之亦然"[①]。

在所罗门群岛，结了婚的男子既不可以与其岳母相见

---

① J.G.Frazer（1910，2，p.76），转引自 R.H.Codrington，1891，*The Melanesians*, Oxford, p.42。

也不能与之交谈。如果见到其岳母,他可能会装作不认识她,但是必须尽快地跑开并躲起来。①

在东班图人(the Eastern Bantu)中,"习俗要求男子应以其岳母为耻,也就是说,他必须小心地避开她那个圈子。他不能与她同在一个屋子里,如果双方在路上偶然相遇,其中一方要闪避在路旁,岳母一方可能会躲避在灌木丛后,而女婿则会以盾避面。如果双方不能够像这样相互避让,而且岳母一方也没有其他东西来遮挡自身,她便会拔一把草绕在头上以作为礼仪上规避的象征。双方所有的交流都必须借助第三方进行。或者是双方隔着一些障碍物(例如家畜栏)远远地大声叫喊。双方甚至不能叫出对方真实的名字"②。

居住在尼罗河源头地区的一支名叫巴索加(Basoga)的班图族人中,男子只有当其岳母在另一个房间而不在其视线之内的情况下才可以与其说话。顺便说一句,这些人对乱伦有如此的畏惧,以致连他们饲养的家畜触犯了这类禁忌时也严惩不贷。③

对于近亲之间的其他规避现象,其目的和意义都是毋

---

① J.G.Frazer(1910, 2, p.117),转引自C.Ribbe,1903, *Zwei Jahre unter den Kannibalen der Salomolnslen*, Dresden, p.140。

② J.G.Frazer(1910, 2, p.385)。

③ J.G.Frazer(1910, 2, p.461)。

庸置疑的，被普遍认为是防止乱伦的保护性措施，而关于限制男子与其岳母之间交往的那些禁忌，在某些方面还需要另外解释。人们有理由认为下面这种现象是难以理解的，即在所有这些不同的民族中，男人们会对一个年纪老得足可以（尽管事实上不是）做其母亲的女人产生一种令他们十分害怕的（乱伦）冲动。①

L.费森等人②就此提出的观点也受到批驳。费森指出，某些婚姻集团制度有其自身的缺陷，这就使得一个男子与其岳母结婚在理论上并非是不可能的。因为这一点，他认为一种防止这种可能性的特殊保障措施（对于这些民族来说）就变得必要了。

约翰·卢伯克爵士③将岳母对待其女婿的这种态度回溯到"抢亲"（marriage by capture）制度上。他写道："当抢亲是真抢的时候，（被抢者父母）所表现出来的愤怒也就是真实的；当抢亲变成了一种纯粹的象征时，父母的气愤也被象征化了，甚至当这种愤怒的根源早已被忘却时这种愤怒的情绪仍旧保留了下来。"不过克劳利不费吹灰之力就指出这种尝试性解释在应用于所观察到的事实细节上

---

① E.Crawley (1902, p.405).

② L.Fison, Howitt (1880, p.104).

③ Sir John Lubbock, 1870, p.84.

时是多么的苍白无力。①

泰勒认为，岳母对待女婿的这种方式仅仅是女方家庭的一种"划清界限"（cutting）或"不认同"（ng-Recognition）的方式：在其第一个孩子出生前，女婿一直被视为"外人"。②然而，首先，这种禁忌并不总是在第一个孩子出生后才解除。除此之外，我们反对这种观点是因为它忽略了这样一个事实，即这种禁忌为何将其对象特别集中在岳母身上，也就是说，它忽略了性的因素。进而言之，这种解释没有考虑到这种禁忌中所表达出来的宗教畏惧的态度。③

一位祖鲁族（Zulu）妇女在被问及这种禁忌的根据时给出了一个很感性化的回答："他不应该看到那曾经哺育过其妻子的乳房。"④

我们知道，女婿与岳母的关系即使是在文明社会的家庭组织中也是一个需要精心处理的问题。在欧美的白人社会制度中，这种关系不再受制于回避规则了。然而，如果规避作为一种习俗依然存在，个人因而不必再重建这种规则，那么许多家庭纷争及不愉快的事情就经常能够得以

---

① E.Crawley（1902，p.401）。转引自 D.Leslie，1875，p.141。
② Tylor，1889，第 246 页以下诸页。
③ E.Crawley (1902，p.407)。
④ E.Crawley (1902，p.401)。

消除。一些欧洲人可能会将这种做法视为一种具有高度智慧的行为，因为这些原始民族就是凭借这些回避规则完全防止了两个关系十分亲近的异性之间的任何接触。毫无疑问，在岳母和女婿之间的心理关系中存在着某些使他们互生敌意的因素从而使其很难生活在一起。但是在文明社会中，岳母是人们非常喜欢拿来开玩笑的主题这一事实又似乎提示我（岳母和女婿之间的）这种情感关系中包含着一些截然对立的成分。也就是说，我相信这种关系事实上是一种"矛盾"（ambivalent）关系，是由相互冲突的"爱"（affectionate）与"恨"（hostile）这两种冲动构成的。

这些冲动中的一部分是相当明显的。就岳母一方来说，她是很不情愿失去女儿的，更不相信要将女儿托付给的那个陌生人；这是一种要保持她在自己家中已经取得的主宰地位的冲动。而就女婿这一方而言，则存在着一种不再屈从于任何其他人意志的决心，一种对于所有在他之前拥有其妻子之情感的人的妒忌；最后但并非最不重要的一点是，他不愿意任何事情来干扰他对自己的性感觉那近似错觉般的过分高估。而岳母的体貌却总是能引起此类干扰，因为她的许多特征会让他想起他的妻子，尽管她已经失去了所有那些让他爱上其妻子的魅力，如青春、美丽以及洁净的心灵。

然而，由于我们已经从精神分析关于人类个体的研究中获得了关于人类潜在的心理冲动的知识，因此能够对上述问题提出另外的动机予以解释。女人的性心理需要应该是在其婚姻生活中得到满足的，但其家庭生活由于其婚姻关系的过早结束以及其情感生活的平淡无奇而威胁到上述需要的满足。当一位母亲年岁渐长时，她将通过将自己置于子女的位置上，通过与子女的认同作用来进行自救，当她这样做时就能体验到子女的情感。人们总说父母因孩子而青春不老，而那也确实是父母从子女那儿所获得的最珍贵的心理回报。若婚后没有生育，做妻子的就失去了一种可能是最能帮助她忍受其婚姻所要求她逆来顺受的东西。做母亲的在情感上对女儿的认同作用（identification）使得她很容易让自己陷入爱女儿所爱之男人的境地中，在一些十分显著的例子中，这可能导致出现严重的神经症症状，这种神经官能症就是做母亲的为了对抗这种情感状态而进行剧烈的心理斗争的结果。无论如何，岳母以这种方式屈从于其内在冲动并陷入（对女婿的）爱恋之中都是经常发生的事情。而且，这种冲动本身或者以一种对抗的倾向加剧了其内心里多种相互冲突之力量的波动。岳母对女婿的爱中经常包含残酷和虐待的成分，之所以如此，恰恰是为了阻止其爱恋，因为只有这样，爱的冲动才有可能被更加严厉地压制下去。

　　男子对岳母的关系也因类似的冲动而变得复杂化，尽管其缘由不同。我们发现一个男子在最终选定意中人之前，他通常是以母亲或者姐妹作为爱恋的对象。因为乱伦的不可能，他的爱遂由其儿时深深爱恋的这两个形象转移到外界与她们相类似的女子身上。他和其姐妹的亲生母亲于是被其岳母所取代。但在其内心里仍有一种重返其幼时所选择的爱恋对象的冲动，尽管他会用尽一切力量来对抗这种冲动。他对乱伦的畏惧使他坚信不能让幼时在家庭成员中选择爱恋对象的历史在他身上重现。因为下述事实，他对这种冲动的否决也就容易了，即他的岳母仅仅是一个现在才出现的人物，在此之前他对她一无所知，因此，在他的潜意识里也就没有保存关于她的固定形象。但是从他对其岳母那种混杂了种种不安与敌视的情感中，人们不难猜测其岳母事实上对他构成了一种乱伦的诱惑。这种猜测被下列并非少见的事实所证实，即许多男子都是先爱上其岳母，然后才移情于其女儿的。

我找不出反对下述假定的原因，即正是存在于岳母及其女婿之间的乱伦因素才给野蛮人制定两者关系中的回避原则提供了动机。因此，我们应该采纳费森所提出的对于原始民族中严格实行的回避现象的解释。他认为这些回避原则仅仅是作为一种防止可能会出现的乱伦之进一步的防范措施。这种解释也适用于所有其他关于血亲之间的以及部落关系中的回避现象。惟一的不同在于血亲之间出现乱伦的可能性是随时都会发生的，因此防止其发生的意图很可能是明确的，而其他情形之中，包括男子与其岳母的关系在内，出现乱伦的可能性似乎仅仅是存在于幻想之中，是经由潜意识的连接链条这种中介而促动的诱惑而已。

在前面的叙述中，我一直少有机会来说明若将精神分析的研究方法应用于民族心理学的事实上将会获得什么样的新认识：因为野蛮人所展示出来的对乱伦的畏惧虽然早已为人所知，但却一直缺乏进一步解释。为了增进对这些问题的理解，我所能够做的就是强调这样一个事实，即这种乱伦畏惧是一种必然会在婴儿期出现的精神特征，而且它显示出和神经症患者的精神生活有着某种惊人的一致性。精神分析学早已告诉我们，小男孩最早选择的恋爱对象是乱伦性的，而且是被禁止选择的，此即他的母亲和姐妹。我们也已知道，当他长大以后，他逐渐摆脱了这种乱伦诱惑。另一方面，一个神经症患者必定会表现出某种程度的心理幼稚性（psychical infantilism）。他既不能从其幼时的性心理状态中摆脱出来，又不能真的返回到过去：这两种可能性可以概括为发展性抑制（developmental inhibition）和倒退（regression）。因此，在其潜意识的精神生活中，力比多（libido）的乱伦性固着（incestuous fixations of libido）继续起着（或重新开始起着）主要作用。我们已经得出这样的结论，即孩子与其父母的关系是被乱伦渴望所主宰的，并视之为神经症的核心情结。这种对乱伦因素在神经症中的重要性的揭示自然招致正常成人的普遍质疑。人们表达其不相信的类似例子还有他们之对待奥托·兰克的作品（Otto Rank）[见1907和1912]。在其著作中，兰克以大量的证据表明了许多富有创造性的作家的作品都是围绕着乱伦这个主题展开的；同样的主题，以大量变异和歪曲的形式成为诗歌的题材。我们只能这样认为，这种反对的论调主要是人类对其早期的乱伦愿望感到厌恶的一个产物，而这种愿望现在则被压制下去了。因此，如果我们能够证明这些后来注定要变成潜意识的乱伦愿望和那仍被野蛮人视为直接的危险并需要运用最严厉的手段来防范的乱伦愿望是同一回事，那么，我们的研究就不是毫无意义的。

第二章

# 塔布与矛盾情感

一

"塔布"（taboo）一词来自波利尼西亚语。因为它意指的是一个我们不再持有的概念，故（在我们的语言中）很难找到一个与之相对应的词来翻译它。在古罗马人中流行的"sacer"一词就是波利尼西亚语中"塔布"的同义词。同样，希腊语中的"άγos"和希伯来语中的"κadesh"也可能具有和波利尼西亚语中的"塔布"一词所表达的相同含义；在美洲、非洲（马达加斯加）以及北亚和中亚的许多民族中也有着类似含义的词汇。

在我们看来，"塔布"一词具有两种相互对立的含义。我们认为：一方面，它意指"神圣的""被圣化的"；另一方面，它又具有"神秘的""危险的""禁止的"和"不洁的"含义。在波利尼西亚语中，"塔布"的反义词是"诺亚"（noa），其含义是"普通的"或"通常可接近的"。因此，"塔布"就具有某种不可接近之物的含义，而且，这种含义主要是以各种禁忌和限制的形式表现出来的。我们常用的一个搭配词"可怕的圣物"（holy dread）就具有和"塔布"相同的含义。

塔布禁忌（taboo restrictions）不同于宗教或道德

上的禁忌。与其说它们是建立在某些神圣戒律之上,倒不如说是建立在自身之上。它们与道德禁忌(moral prohibitions)的不同之处在于:它们并不系统地宣称某些必须遵从的普遍性戒律以及必须遵从的理由。塔布禁忌没有什么基础,也没有明确的起源。虽然我们无法理解,但对于那些受其控制的人们来说,它们则被视为是理所当然的。

威廉·冯特将塔布描绘成人类最古老的不成文法。人们普遍认为塔布要早于神的观念,并可溯源到任何类型的宗教产生之前的那个时期。①

为了便于用精神分析的方法来研究塔布,我们首先需要对塔布进行一个公正的描述。现在,我拟从《大不列颠百科全书》(1910—1911)的"塔布"条目②中摘录一些概要性的介绍,该词条的作者是人类学家托马斯(Northcote W. Thomas)。

> 严格说来,塔布仅仅包含以下三种含义:(1)人或物的神圣(或不洁)特征;(2)源自这种特征的某种禁忌;(3)违背这一禁忌所导致的神圣性(或不洁

---

① Wilhelm Wundt, 1906, *Mythus und Religion*, Teil Ⅱ, Leipzig, p.308.

② 该词条还包括一个相关主题的主要文献目录。

性)。在波利尼西亚语中,"塔布"的反义词是诺亚以及与之相关联的词语,其含义是"一般的"或"普通的"……

在一个更广泛的意义上,各种类型的塔布可以作如下区分:(1)自然的或直接的,其源自人或物内在的"曼纳"(mana)(神秘的力量);(2)交感的或间接的,同样源自"曼纳",但是又可分为(a)习得的,(b)由祭司、首长或其他人施与的;(3)居间的,上述两种因素都存在,如同一位妻子配属于其丈夫……

塔布一词亦被应用于其他的仪式性禁忌(ritual restrictions),但是它们更恰当的称呼应该是"宗教禁令"(religious interdiction),和塔布没有什么关联。

塔布所要实现的目的很多。(一)塔布的直接目的是:(1)保护像首长、祭司这些重要人物和事物免受伤害;(2)保护妇女、儿童以及普通民众这些弱小者不会受到首长和祭司那强大的"曼纳"(魔力)的伤害;(3)防止由于触摸或碰到尸体以及误食某些(不洁)食物所招致的危险,等等;(4)防止生活中的一些重要活动,如生育、成人礼、结婚及性功能等免受干扰;(5)保护人类不受神灵的愤怒或强力的伤害;①(6)保护与父母一方或双方有着特殊情感关系的胎儿或婴儿免受某些行为的伤害,尤其是免受被认为来自某些食物的性质所传递而来的伤害。(二)塔布也施用于防止个人的财产、土地、工具等不被盗贼偷走……

最初,违背禁忌所遭受的惩罚无疑是由一种内在的、自动的力量来施行的,即被违背的禁忌本身会对违禁者进行报复。后来,当神灵的观念在一个稍晚的阶段产生以后,禁忌才与之联系在一起,(违背禁忌所招致的惩罚)也就自动地由神的力量来实施了。在其他情况下,可能是作为这个概念的进一步发展的结果,社会自身承担起惩罚违禁者的职责,因为其行为会给社会成员带来危险。如此说来,人类最早的刑罚制度就可以溯源到人类早期的禁忌现象。

"触犯禁忌者其本身也就变成了禁忌……"违禁行为所导致的某些危险可以通过赎罪(atonement)和净化(purification)行为而消除。

禁忌的根源可归于一种特殊的魔力,这种魔力内在于在人和精灵(spirits)身上,而且可以通过无生命物体这

---

① 在目前的语境中,"塔布"的这种用法可能因其不是一种原初的含义而被忽略。

个中介进行传递。"被视为禁忌的人和物可以和带电物体相比拟。他们是一种巨大力量的发源地(seat),这种力量可以通过接触而传递,如果引致这种力量释放的有机体太过虚弱而无法抵制它,那么它就会带来破坏性的后果。触犯禁忌所导致的后果部分地依被视为禁忌的人和物之内在魔力的大小而定;部分地依触犯禁忌者抵御'曼纳'的力量的大小而定。这样,国王和酋长因为拥有巨大的力量,所以其臣民若与他们直接交谈,则必死无疑;而大臣或其他拥有比普通人更大的神秘'曼纳'的人这样做时则不会受到伤害。依此类推,低一级者在接近其上级时就没有什么危险……间接塔布其力量的大小也要依那施加者之'曼纳'力量的大小而定;如果施加者是酋长或祭司,那么他们所施加的塔布就要比普通人所施加的塔布力量大得多……"

毫无疑问,禁忌的可传递性特征可以解释下列现象,即人们试图通过适当的净化仪式(suitable purificatory ceremonies)来消除禁忌。

禁忌可以是永久性的也可以是暂时性的。前者包括那些与祭司、酋长、死者以及他们所拥有的一切物品相关的禁忌,后者则与某些特定的状况有关,例如女人的月经期和分娩期,战士出征前后的那段时间,或者涉及一些特殊的行为,如捕鱼和狩猎。一种普遍性的禁忌可以(像教皇的禁令一样)加诸于整个地区并可持续很多年。

如果我对读者的感受判断不谬，我想我可以有把握地说：尽管他们现在已经了解了所有关于禁忌的说法，但是也许仍对禁忌这个词的含义知之甚少，或者不清楚应在其思想中给予它一个什么位置。这无疑要归咎于我没有给他们提供足够的信息资料，并且省略了对禁忌与迷信、神灵信仰（the belief in spirits）及宗教之关系问题的讨论。而另一方面，对有关禁忌的已知材料更加详尽的解释说明恐怕反而会使人更加迷惑，而且，我可以肯定地告诉他们，事实上关于禁忌的整个论题都是极其晦暗的。

我们接着所要关注的就是这些原始民族所遵从的众多禁忌。几乎每一种事物都被（不同民族）列入了被禁者名单；但是，这些原始民族并不清楚为何要禁它们，而且对于他们来说这样做时不会产生任何的疑问。相反，他们屈从于这些禁忌似乎是理所当然的，而且深信任何违背禁忌的行为都将自动遭受最可怕的惩罚。我们有许多可以采信的传说来说明一些无意中触犯了某种禁忌的人事实上是如何遭受这种自动性惩罚的。例如，一位无辜的违禁者，可能吃了某种被禁食的动物而陷入极度的忧虑之中，在坐以待毙的过程中果真如愿以偿。这些禁忌主要针对的是放纵享乐以及自由地活动与交往。在某些情况下，这些禁忌具有一种清晰易懂的意义，而且是明确地指向禁欲（abstinences）和克己（renunciations）的。但是在其他情况下，其主题内容让人十分费解，（此时）他们关注的是（日常生活中的）一些琐碎小事，而且看起来纯属一种仪式化行为。

在所有这些禁忌的背后似乎存在着一种具有理论性质的东西，它指出这些禁忌之所以是必不可少的，是因为某些人和物身上充满着一种危险的力量，而这种危险力量是可以通过与之接触来传递的，这几乎就像一种传染病。这种具有危险属性的力量在数量上的大小在其中往往也起着一定的作用。一些人或物具有更大的魔力，而危险的大小实际上正是与其内在能量的大小成正比的。最奇怪的事情似乎是，任何逾越某种禁忌的违禁者自身也就获得了他所违背的那种禁忌的特征——整个危险能量似乎都转移到他的身上。这种力量会附着在所有那些特殊的个体身上，如国王、祭司或是新生的婴儿，也会附着于一切的例外情形之中，如生理上的月经期、青春期或生育期；还会附着在所有不洁的事物之上，如疾病、死亡以及通过其传染或污染能力而与之相关联的事物。

"塔布"这个词意指一切，不论是一个人、一个地方、一件物品还是一种短暂的状态，都是这种神秘属性的载体或源泉。它也意指那些源自这种神秘属性的禁忌。最后，它还具有"神圣的""不洁的"以及"神秘的"等诸多意涵。

这个词及其所意指的整个系统表达了许多似乎真的远远超出了我们理解能力之外的心理态度和思想观念。尤其是，如果不先对鬼神信仰（the belief in ghosts and spirits）（这是处于低发展水平阶段文化的一大特征）进行考察，我们似乎就没有可能去进一步接近这些禁忌。

现在可以提出这样的问题了：我们自己为什么一定要关注"塔布"之谜？我认为，这不仅仅是因为它有助于解决某些心理问题而值得去研究它，而且还有其他一些理由。我们可能会开始明白，波利尼西亚的野蛮人所遵从的"塔布"并非像我们一开始所认为的那样距离我们遥不可及，控制着我们自己的那些道德上和惯例上的禁止可能与这些原始人的"塔布"有着某些本质关联，而且对"塔布"的阐释可能会给我们自己的"绝对律令"那晦暗的起源带来一种新的研究视角。

因此，我们对于像冯特这样著名的研究者关于"塔布"论题的观点就应特别留意，尤其是他许诺"要对塔布这个概念追本溯源"[1]。

---

① Wilhelm Wundt, 1906, p.301.

关于"塔布"这个概念，冯特写道："它涵盖了所有的对某些对象产生畏惧感的习惯性表达，这种畏惧感又是和崇拜观念或其相关行为相关联的。"① 另外，他在另一个段落中写道："如果我们从这个词的一般意义上来理解它[塔布]所有的禁忌（无论是存在于语言的习惯用法中，还是存在于习俗或明确的成文法中），像禁止触摸一个物体或者为了其个人目的而使用它，以及禁止使用某些被禁词语……"那么，他接着写道，就不会有任何的民族和任何发展水平上的文化能够从"塔布"的不良影响中摆脱出来。②

冯特接着解释了为什么在他看来，研究生活在原始条件下的澳洲土著的"塔布"性质要比研究处于较高级文化中的波利尼西亚民族的"塔布"更为可取的原因。③ 他根据其对动物、人类及其他物品的不同影响将澳洲土著的"塔布"禁忌划分为三类。第一类是关于动物的塔布，主要包括禁止杀害及食用它们，这构成了图腾崇拜的核心内容。④ 第二类是那些针对人类的塔布，（与前者相比）是一种完全不同种类的塔布。它们开始便受限于某些环境条件，

---

① Wilhelm Wundt, 1906, p.237.
② Ibid., p.301.
③ Ibid., p.302.
④ Ibid., p.303. 参见本书的第一章和第四章。

被"塔布"加诸其身的人在其中会发现他自己处于一种异常状态。因此,身处成年礼中的年轻人是"塔布";处于经期或刚生完孩子的女人是"塔布",新生婴儿、病人,以及最重要的是,死者也因此成了"塔布"。个人经常使用的财产,如衣服、工具及武器对其他人来说永远是"塔布"。在澳洲,一个男孩在其成年礼上所得到的新名字被列入其最具私人性的财产;它也是"塔布"而且必须保密。第三类"塔布"是那些被加诸于树木、植物、房屋以及地点的"塔布",它们是不稳定的。上述分类显然遵循着这样一种规则,即凡是神秘的或者由于某种原因使人恐惧的事物都会变成"塔布"。①

正如冯特自己也不得不承认的那样,拥有更加丰富多彩的文化的波利尼西亚人和马来群岛(Malay Archipelago)的土著中,"塔布"并没有显示出很大的变化。在这些民族中,更加明显的社会差异表现在这样的事实中:酋长、国王及祭司可以利用一种特别有力的"塔布",而且他们本身也易于遭受一种具有最大力量之"塔布"的伤害。②

但是,冯特又补充道,塔布的真正来源深深隐藏在这些特权阶级的利益之下:"它们根源于人类最原始,同

---

① Wilhelm Wundt, 1906, p.304.

② Ibid., pp.305–306.

时也是最持久的本能——对'恶魔'（demonic）力量的恐惧。"① "塔布不是别的，而是对'恶魔'力量恐惧的对象化（objectified），人们相信这种力量隐藏在被禁物体（tabooed object）里面。'塔布'禁止任何可能激发起这种力量的事物，如果这种力量受到伤害，不论是有意的还是无意的，它都会对'恶魔'的报复进行控制并避开它。"②

我们认识到，"塔布"渐渐发展为一种具有其自身之基础的独立于恶魔信仰的力量。这种力量又进一步发展为习俗、传统，最后是法律这些形式的规则。"但是，在所有的禁忌中所蕴含的那未曾言明的指令，不管随时间和地点的不同而产生过多少的变异，都是源于下面这一条而且仅此一条：'当心恶魔的愤怒！'"③

冯特告诉我们，"塔布"是原始民族对"恶魔"力量之信仰的一种表达形式和派生形式。稍后，他又告诉我们，"塔布"自身又摆脱了这种根源，而且，在摆脱了一种精神上的保守性后，它仍然保持着一种力量，而这仅仅是因为它曾经是一种力量。再后来，它自身又变成了我们的道德规范和法律的根源。尽管这些论断的第一部分不会引起

---

① Wilhelm Wundt, 1906, p.307.
② Ibid., p.308.
③ Ibid., p.308.

什么矛盾，但是我们仍然相信，当我说冯特的解释会带来某些令人失望的东西时，我所表达的正是许多读者的心声。这种解释肯定没有追溯到"塔布"的源头，或者说没有揭示出它的最初根源。不论是"恐惧"还是"恶魔"，在心理学上都不会被视为"最古老"的事物，即不能再作任何尝试去发现其"先在根源"（antecedents）的事物。倘若"恶魔"真的存在，那将是另外一回事。但是我们知道，和"神"一样，"恶魔"也是人类精神的创造物：它们由某些因素构成却又逸出这些因素之外。

尽管表达得不是很清楚，冯特毕竟还是对"塔布"的双重意义提出了重要看法。根据冯特的观点，在"塔布"的最原始开端中，并不存在"神圣"和"不洁"的区分。因为这个原因，上述概念在那个阶段中并不具有特别的意义，只是当它们后来变得相互对立时才获得了上述意义。"塔布"施诸其上的那些动物、人或者地点都是"恶魔似的"而非"神圣的"，它们也不是在后来才获得的那种意义上的"不洁的"。准确地说，"恶魔似的"或"不可触者"这类中性的和居间的含义才是"塔布"这个词恰当表达的意义，因为它强调了在所有时候神圣之物和不洁之物都共同具有的一个特征：惧怕与之相接触。然而，这种重要的共同特征的持续存在也同时证明了，"神圣"和"不洁"这两者最初所涵盖的范围是一样的，只是后来由于受到进一步的影响两者才分化开来并最终发展为相互对立的两极。①

根据冯特的看法,"塔布"的这种原初特征——相信在一个物体里面隐藏着一种"恶魔式"的力量,而且倘若这个物体被触摸到或者被不正当地使用,触犯者就会遭受到某种诅咒的报复——仍然是完全和惟一保持下来的"对象化恐惧"(objectified fear)。这种恐惧尚没有分化为其后来发展出的两种形式:崇拜(veneration)和畏惧(horror)。②

而这种分化又是如何发生的呢?冯特是这样告诉我们的:它是通过将塔布戒律(taboo ordinance)从"恶魔"领域移置到神灵信仰领域这种方式完成的。③"神圣的"和"不洁的"对照同神话学发展中的两个阶段正好是对应的。前一个阶段在后一个阶段到来时并没有完全消失,而是继续保持在被人们视为低级形式中并最终成为一种被人所鄙弃的形式。④冯特说,神话学的一条通则是:一个发展阶段被另一个更高级的阶段克服和驱逐之后已成为明日黄花,但它们会以一种低级的形式与后者并存,原来的崇拜对象

---

① Wilhelm Wundt, 1906, p.309.
② Ibid., p.310.
③ Ibid., p.311.
④ Ibid., p.312.

也因此变成了恐惧的对象。①

在余下的讨论中，冯特致力论述"塔布"与净化（purification）及牺牲（sacrifice）之间的关系。

## 二

任何研究者，只要是从精神分析这个视角（亦即研究个体心理中的潜意识部分）来研究"塔布"问题，稍加思索，他们都会认识到这些禁忌现象对于他们来说远非陌生之物。研究者已经见过那些为其自身创设与此相类似的个体性"塔布"禁忌的人，他们对这些禁忌的恪守严格得一如野蛮人遵从其部落或社会中的公共"塔布"。倘若他们还不习惯将这种人描绘为"强迫症"（obsessional）患者，他们将会发现就其状况而言，"塔布症"（Taboo Sickness）也许是一个最恰当的名字。然而，在了解许多精神分析方法对这种强迫症的研究——关于其临床病理和心理机制的本质——之后，研究者却忍不住要将他们所获得的这些知识应用到与之相应的社会现象中去。

在此必须提出一个警告。"塔布"和强迫症之间的相似性可能仅仅是外在的，这种相似性可能仅仅适用于它们

---

① Wilhelm Wundt, 1906, p.313.

所表现出来的（外在）形式而不能延及其（内在的）本质特征。大自然乐于将相同的形式施于最无生物关联性的物种上，例如，珊瑚和植物表面上都具有枝状结构（branch-likestructure），而某些形式的晶体和某些化学沉淀物也的确很相像。仅从这些外部的一致性就推论出其间存在着一些内在联系显然是既太过草率又无所助益，这些外部一致性也许仅仅是源自相同的机械原因之作用所致。我们自当牢记这一忠告，但是却没有必要让它阻碍了我们所继续的比较研究。

神经症患者的强迫性禁忌（obsessional prohibitions）和"塔布"之间最明显、最显著的一致之处就是，这些禁忌同样地缺乏动机，起源同样地模糊。在某个非确定的时刻产生以后，它们就被一种无法抗拒的恐惧强有力地维持下去。并不需要外在惩罚的威慑，因为有一种内在的确信，一种道德信念，即任何对禁忌的违背都会导致难以承受的巨大灾难。关于这一点，一位强迫症患者最有可能说的是，他有一种尚不明确的感觉，即其周围的某些特定人物将因为这种违禁行为而遭致伤害。没有人知道这是什么性质的伤害。而且，就是这一点少得可怜的信息也更多的是从与赎罪及防卫行为（我们稍后将讨论它们）而不是从与这些禁忌本身的关系中获得的。

正如在"塔布"的情形中一样,作为神经症之核心的主要禁忌也是禁止触摸,而且正是因为这个原因,它有时又被称为"触摸恐惧症"(touching phobia 或 Délire du toucher)。这种禁忌不仅仅适用于直接的身体接触,而且广泛地延伸到在隐喻的意义上所使用的"去接触"这个词语的范围内。任何将患者的思想引至被禁物体上的事物,他在理智上将其与被禁物体相联结的任何事物,都和直接的身体接触一样被他视为禁忌。在存在着"塔布"的地方也有着与之一样的延伸。

有些禁忌的目的是一目了然的。相反,其他的禁忌却使我们觉得难以理解,毫无意义和愚昧,而这后一类禁忌往往被人们描述为"仪式性"禁忌。我们也可以在"塔布"的庆典仪式中发现这种区分。

强迫性禁忌极其容易被移置替代。它们可以通过任何可能的前后相联的途径从一个物体延伸到另一个物体,而这种被延至的新物体,用我的一位女患者的恰当表达就是"难以忍受的",这种情况最后直至整个世界都被封禁在"难以忍受的状态"之中。强迫症患者的行为表现出仿佛"难以忍受的"人和物都携带着危险似的,而且这种危险很容易通过接触其邻近的一切事物而传染开来。我已经在对"塔布"的描述中提到过具有相同特征的传染及转移能力。我们也知道,任何因为接触某些违禁事物而触犯"塔布"

的人其自身也就变成了"塔布",此后便没有人敢与他们接触了。

现在,我将两个关于禁忌之转移(或者,更好的说法是移置)的例子放在一起进行比较。其中一个取自毛利人(Maoris)的生活,另一个则来自我自己对一个女性强迫症患者的观察。

> 一个毛利人的酋长是不会用他的嘴来吹火的,因为他那神圣的气息将会把其神圣性传至火中,火将它传到火上的锅上,锅又把它传给锅内煮着的肉中,而肉则将它传递给吃肉的人。因为肉在锅里,锅在火上,而火又被酋长吹过;因此吃肉的人通过这一系列的媒介便传染上了酋长的气息,故必死无疑。①

我那位女患者的丈夫购买了一件居家用品带回家,她则坚持让他把那件东西拿走,否则它将使她居住的房间变得"难以忍受"。因为她听说那件物什是从一家位于"史密斯"大街(姑且让我们这样说)上的商店里购买的。而"史密斯"是她的一位女友婚后的夫家姓氏,此人是她婚前的一位闺中密友,住在一个遥远的小镇上。由于她的这个

---

① J.G.Frazer(1911b, p.136),转引自 R.Taylor, 1870, Te Ika a Maui, 2nd ed., London, p.165。

朋友当时正处于"难以忍受的"或"塔布"的时期,因此那件购自维也纳的居家用品就和她那位不能接触的朋友一样变成了禁忌。

和禁忌一样,强迫症的禁忌也包含了那些受制于他们的人们在日常生活中广泛存在的克己和限制,但是其中的一些可以因为某些行为的施行而消除。但自此以后,这些行为就必须被施行:它们变成了强迫性的、让人念念不忘的行为,而且毫无疑问的是,它们(被认为)具有赎罪、自惩、防御措施(defensive measures)及净化作用的性质。在这些强迫性行为中,最常见的就是被称为"洁癖"(washing mania)的清洗行为。某些"塔布"禁忌可以用同样的方式替代;或者更有效的,其违禁行为可以通过一种类似"仪式化的"行为而得以弥补;在此,以水清洁同样是人们偏爱使用的方法。

现在,我们可以将"塔布"习俗和强迫症症状之间所体现出来的最明显的一致之处概括如下:(1)这些禁忌都缺乏任何可归因的动机;(2)它们都依赖一种内在的需要来维持;(3)它们都可以被很容易地替代,而且存在着由被禁忌对象所传染的危险;(4)它们强迫人们实施仪式化的行为。

通过精神分析学,我们现在对于强迫性神经症的临床病史和心理机制都有所了解。下面就是一例典型的"触摸恐惧症"患者的临床病史。起初,在其孩提时代,这个患者就表现出一种强烈的触摸欲望,其执着早已超出了一般人所能预料的程度。这种(触摸)欲望很快就遭遇到外部的禁止,禁止其实现他那种特殊的"触摸"。① 这种禁令倒也被他接受了,因为有着强大的内在力量的支持,② 而且这种力量显得比他那种寻求触摸的本能更为强大。然而,由于儿童的原始心理构成,这种(外在的)禁令并未能成功地清除这种(触摸)本能。其结果就只能是压抑这种(寻求触摸的)本能并将其驱逐到潜意识中去。这样,禁忌和本能都保存了下来:说本能被保存下来是因为它仅仅是被压抑着而不是被清除了;而禁忌之所以保存下来是因为一旦它不再起作用,本能便会强行进入意识中并发挥出实际的作用。这样就形成了一种被称为"心理固着"(psychical fixation)的状态,其中,本能和禁忌之间的冲突并没有解决,随后发生的一切都源自这种冲突状态。

以上述方式被固着的这种心理结(psychological constellation)的最主要特征可以被描述为:主体对某单一客体,或者更准确地说是对与这种客体相关联的某种行

---

① 这种欲望和禁忌都与小孩子触摸其生殖器有关。
② 也就是说,(这种支持)来自孩子与禁忌的实施者之间的爱。

为的矛盾态度。① 他总是不断想去施行（触摸）这种行为[并将其视为无上快乐，但又知道绝不可以去做]，同时又很厌恶它。这两种心理趋向之间的冲突不可能很快得到解决，因为——没有其他的办法可行——它们以谁也无法解决对方的方式共处于主体的心理之中。禁忌居于喧闹的意识之域，而那顽固的触摸欲望则潜藏于潜意识之中以至于主体对其一无所知。如果不是因为这种心理因素，这种矛盾态度既不可能持续这么久也不可能导致如此的后果。

在我们这个病例的临床病史中，我们坚持认为，在婴幼儿时期强加给它的禁忌是一个关键点，随后在同时期发展出来的压抑机制也具有类似的重要性。压抑已施行并导致一种被称为健忘症的记忆缺失，但作为压抑之结果的（处于意识之中的）禁忌动机依然对之处于未知状态，而且所有试图运用理智过程来消除它的图谋都必将失败，因为找不到任何的着力点。禁忌的力度及其强迫性特征显然应归因于它那位处于潜意识中的对手，即隐匿的、并未减弱的欲望的存在，也就是说，应归因于一种无法进入意识观照（conscious inspection）中的内在需要的存在。禁忌很容易被转换和延伸的事实，反映了一个与潜意识欲望相一

---

① 此乃借用布洛伊尔（Bleuler）恰当的术语。

致的过程,而且这种转换和延伸由于那在潜意识中广泛存在的心理状况而变得极其容易。本能欲望是经常发生改变的,以便能够摆脱僵局并努力寻找那些能够替代被禁对象的替代者——这种替代者可能是物,也可能是行为。因此,就禁忌本身来说,它也要不断地转换,并延伸到任何被禁冲动可能采用的新的目标之上。被压抑的"力比多"所导致的任何新的进展,禁忌都会以一种新的强度来回应它。这两种相互冲突的力量遂产生了一种释放(能量)的需要,以便减少这种普遍的张力;而且,导致强迫性行为施行的原因可能就归诸于此。在神经症的病例中,这些都显然是妥协行为:一方面,他们是懊悔的表现和努力补偿之类的行为;另一方面,它同时又是对被禁的本能进行补偿的替代性行为。神经症疾病的一个规律就是:这些强迫性行为越是受到本能的控制,它们也就越接近于那最初被禁的行为。

现在让我们做个实验,即假设我们的一位患者的强迫性禁忌和"塔布"具有相同的性质。不过,我们必须事前说明,我们所注意到的许多禁忌都是次级的、被置换了的以及被扭曲了的形式,而且如果我们哪怕能够对那些最基本和最重要的"塔布"带来一点点新的认识,也就心满意足了。况且,野蛮人和神经症患者在生存环境方面的差异毫无疑问是相当重要的一个因素，这使得我们不可能在他们之间得出任何的精确一致性，也会妨碍我们对两者在共同点上的每一个细节进行比较研究。

首先，要求野蛮人直接告诉我们其禁忌的真实理由——"塔布"的起源——是毫无疑义的。依据我们的假定，他们是无法回答这个问题的，因为他们遵从禁忌的真实理由必定是"潜意识"的。然而，我们可以像下面的论述那样根据强迫性禁忌的模式来重构"塔布"的历史。我们必须假定，"塔布"是远古老时代的禁忌，只是在某个时期由外在压力强加到某一代原始人群的身上；也就是说，这些禁忌肯定是由其先辈强行施加到他们身上的。这些禁忌必定涉及某些具有强烈倾向性的行为。后来，这些禁忌被一代一代地传递下去，也许仅仅是经由父母及社会权威传递的传统之结果而已。不过，这些禁忌在传到后来的一代代人中间时，可能已经被"组织化"为一种遗传性的心理禀赋（inherited psychical endowments）。可是，谁又能确定这些禁忌究竟是"天赋观念"（innate ideas）的存在物，还是由其自身或与教育相结合而形成的"塔布"的永久性固着（the permanent fixing of taboos）呢？但是，从"塔布"的存续中，我们还是可以确定一点，即触犯禁忌的原始欲望必定依然保存在相关的部落之中。他们因而对其"塔布"持有一种矛盾态度。在他们的无意识中，没有什么比触犯禁忌更让他们高兴的了，但是他们惧怕真的这样去做；显然是因为他们想这么做故而才会惧怕，而且惧怕远远强于这样做的欲望。此外，在每一个部落成员身上，这种想触犯禁忌的欲望都是处于潜意识中的，这和神经症患者的情形是一样的。

最古老和最重要的"塔布"禁忌就是图腾崇拜的两条基本戒律：不得杀害图腾动物，避免与同一图腾氏族中的异姓成员发生性关系。

那么，这两条禁忌所压抑的也必定是人类最古老和最强烈的欲望了。只要我们仍然对于图腾制度的意义和起源毫无所知，我们就不能期望去理解它们或者去验证我们的假设。但是，这两条禁忌的措辞以及它们是同时发生的这种事实，将会使任何一位熟知精神分析学对个体之研究的人记起某种十分清晰的东西，即精神分析学家视为儿童欲望的中心内容和神经症症状之核心的那种因素。①

"塔布"表现形式的多样性曾经导致我在前文提及的对"塔布"的尝试性分类，而根据我们的论题，这种多样性可以简化为一种单一的统一性，即"塔布"的基础在于一种在潜意识中存在的施行某种被禁行为的强烈倾向性。

尽管不理解，但我们却听说过这样的说法：任何做了被禁止的事情的人，亦即触犯了"塔布"的人，其自身就

---

① 参见后文图腾崇拜的研究，我不止一次涉及该问题（本书第四章）。

会变成"塔布"。这种说法如何能与这种事实——"塔布"不仅附着在违禁之人身上,而且附着在处于特殊状态的人,这些状态本身以及那些非人格的物体之上——相一致呢?可以从存在于所有这些不同状况中的危险里归纳出什么样的共同特征呢?只有一样东西是可能的,即可以激发起人们的矛盾情感并诱使他们逾越禁忌的那种性质。

任何触犯了"塔布"的人其自身也就变成了"塔布",是因为他拥有诱使其他人效法自己的危险属性:为什么只有他被允许做而别人被禁止做的事情?每一个这样的例子都有会激发起别人的模仿行为,这样,他便真的具有了传染性,也正是因为这个理由他本人才必须被隔离开来。

但是一个没有触犯任何"塔布"的人也可能永久性或暂时性地成为"塔布",这是因为他处于这样一种状态,其中,他拥有一种激发他人身上已被禁止的那些欲望并在他们身上引起矛盾情感之冲突的性质。大部分的特殊地位和特殊状态都可归于此类并拥有此种危险的力量。国王或酋长因为其拥有的特权而易遭致嫉妒:也许每个人都想当国王。死者、新生婴儿以及处于经期或生产期的妇女都可能因其处于特殊的无助状态而激起人们的(触犯)欲望,一个刚刚成年的男子则会因其被许诺的新的享乐(权)也容易激起他人的(触犯)欲望。由于上述原因,所有这些人和所有这些状态就都成了"塔布",因为诱惑必须被阻止。

现在，我们也就能够理解不同的人所拥有的"曼纳"的大小为何可以相互消减以及在某种范围内可以相互抵消了。一个国王的"塔布"之所以对其一般臣民太过强大是因为他们之间的社会差别太大的缘故。但是大臣则可以充当国王及其一般臣民之间的中介而不会受到任何伤害。如果将这种"塔布"语言翻译成标准的心理学术语，就可以这样表述：一位普通的国民，他惧怕同国王接触，因为这可能给他带来一种极大的（想当国王的）诱惑；但他却可以承受与一位官员打交道，因为前者对后者并不需要特别的嫉妒，而且后者的地位对前者来说也并非（像国王的地位那样）是不可企及的。同样，一位大臣，只要想想他手中所掌握的（远较一般人更大的）权力，就有可能缓解他对国王的嫉恨。我们因此可以总结说，两个人所拥有的诱惑性魔力（tempting magical force）之间的差别越小，弱小的一方对强大的一方的惧怕就越小。

同样清楚的是，为什么某些禁忌被触犯并构成了一种社会危险时必须要由共同体的全体成员对触犯者实施惩罚或让其赎罪，即使他们并非全都受到伤害。如果我们用有意识的冲动来替换无意识的欲望，就会发现这种危险是真实存在的。这是一种（其他成员）对触犯禁忌的模仿的危险，它将迅速地导致共同体的瓦解。如果触犯禁忌的行为没有受到其他成员的报复，那么，他们就会明确地表示出，他们也想以触禁者相同的方式来触犯禁忌。

对于下列事实,我们也就不会再感到奇怪了:触摸在"塔布"禁忌中扮演了一个类似于它在"触摸恐惧症"中所扮演的角色,尽管这种禁忌的隐秘含义并不像在神经症中那样具有一种专业化的性质。触摸是想获得对人或物的某种控制或使用的第一步。

我们已经将"塔布"所固有的传染性力量转化为对某些可能产生诱惑或激励人们的模仿行为之属性的拥有。这似乎与下述事实不相符合,即"塔布"的传染性特征主要是通过其对物质对象的可传递性这一点体现出来的,这些对象自身后来就变成了"塔布"的携带者。

"塔布"的这种可传递性是对我们已经讨论过的一种倾向的反映,即在神经症中,潜意识本能经常沿着相关联的途径转换到新的对象上去。我们的注意力因此便集中于这样的事实上,即"曼纳"所具有的危险魔力是与更为现实的两种力量相对应的:其中的一种力量提醒人们其禁止的欲望,另一种力量显然是更为重要的,它引诱人们顺从其欲望而去逾越禁忌。然而,如果我们假定,在原始人的心理中,对一种违禁行为之记忆的觉醒与一种将这种行为付诸实施之冲动的觉醒总是很自然地联结在一起,那么这两种功能就可以简约为一种。这样的话,回忆和诱惑就再次结合在一起了。我们也必须承认,在我们所举的例子中,一个人逾越禁忌就会引诱另一个人去做同样的事情,违背禁忌的行为就像一种传染病一样会传播开来,塔布就是以这样的方式从一个人传递到一个物质性对象,又从一个物质性对象传递到另外一个人。

如果触犯了一个"塔布"可以通过补偿或赎罪的方式——包括放弃某些财产或自由——来弥补,这便证明了遵从"塔布"就意味着要放弃某些欲望的满足。要想从克己中解放出来,就必须以加强另一方面作为补偿。这导致我们得出如下结论,即在"塔布"仪式中,赎罪是比净化更基本的一个因素。

现在,通过对"塔布"禁忌与神经症的强迫性禁止的比较,我可以总结一下从这种比较中所获得的对"塔布"之性质的一些新看法。"塔布"是一种(由某些权威)从外部强行施加的原始禁止,它针对的是人类所屈从的最大的欲望。这种触犯禁忌的欲望保存在人类的无意识领域中;而那些遵从"塔布"的人在对待"塔布"所禁忌的行为上却持有一种矛盾态度。那被归诸于"塔布"的魔力基于一种能激起人们的诱惑的能力之上,它之所以能像传染病那样起作用,是因为触犯禁忌的先例具有传染性,以及处于潜意识中的被禁欲望能够从一个事物转换到另外一个事物之上。触犯"塔布"的行为能够通过放弃某些东西来弥补这个事实说明这种放弃就存在于对"塔布"之遵从行为的基础之中。

## 三

现在，我们所要揭示的是，我们已经着手进行的对"塔布"和强迫性神经症的比较，以及建立在这种比较之基础上的关于"塔布"的认识究竟可以赋予多大的价值。显然，它们的价值必定依赖于我们所提出的这种观点同其他学者的观点相比是否具有一些优越性，以及这种观点能否比我们用另外的方法进行研究提供一个对于"塔布"的更加清晰的认识。我们可能会倾向认为，对于我们所提出的观点的适当性，我们已经给出了足够的证据，然而我们还必须力图通过对我们关于塔布禁忌及其应用的解释进行更加详细的分析来加强我们观点的说服力。

摆在我们面前的还有另外一条（研究）途径。我们可以以这样一个疑问作为开端：在从神经症到"塔布"的研究中，我们曾经留下的那些假设和从中得出的结论也许在"塔布"现象中不能直接得到证实。但是我们必须确定我们所要寻求的是什么。我们关于"塔布"是源于某一时期的由外在权威强加的原始禁忌的断言显然是不可能证明的。因此，我们更应该去着力证实的是塔布现象之心理决定因素，而关于这一点，我们已经从强迫性神经症中有所了解。那么，我们是如何从神经症的病例中得到关于这些心理因素的知识的呢？答案是通过分析研究其（临床）症状，尤其是对其强迫性行为、防御性措施以及强迫性命令的研究而得到的。我们发现，它们显示出源自矛盾性冲动的所有征兆，其中有的同时对应于愿望和反愿望，有的体现的是这两种相对立的倾向中的一方占据优势的情形。如果我们现在能够成功地证明这种矛盾情感，即相互对立的倾向的支配性地位也能在"塔布"的仪式化行为中发现，或者如果我们能够指出它们中的一些表现形式（像强迫性行为）同时表达了这两种倾向的行为，我们就可以认为已经确立了"塔布"和强迫性神经症之间的心理一致性，而这也许就是它们最重要的特征。

　　正如我已经指出的，两种最基本的禁忌由于其与图腾崇拜的关联性而无法进入我们的分析范围；而"塔布"的其他一些禁令，由于只具有次级的性质，因而对于我们的研究目的来说毫无助益。因为在受其影响的共同体中，"塔布"已经变成了立法的普通手段，而且它已经被用来服务于那些要比"塔布"本身更晚出现的社会目标，例如"塔布"就被酋长和祭司施用于保护其财产和特权。虽然如此，仍然存在着大量的（塔布的）仪式化行为可供我们研究。我将从中挑选那些附着于敌人、酋长以及死者之上的塔布加以研究。另外，我将从弗雷泽的伟大著作《金枝》(*The Golden Bough*)的第二部分"禁忌与灵魂的危险性"所收集的丰富资料中获取研究的素材。

## （一）对待敌人的方式

我们可能会倾向认为，野蛮人和半野蛮人的民族对待其敌人的行为是一种肆无忌惮和残酷无情的罪恶行为。然而，我们却很惊奇地发现，即使要杀死一个人，他们也要受到许多仪式化行为的制约，这其中就包括对"塔布"的习惯性运用。这些仪式化行为很容易划分为四组。它们要求（1）在敌人被杀死之前对其进行抚慰；（2）对杀人者实行一些限制；（3）对他（杀人者）（在杀人后）施行一些赎罪和净化行为；以及（4）举行某些仪式。由于缺乏足够的资料，我们在此问题上就很难确定这些习惯性行为在相关的民族中是普遍存在的还是正好相反。不过就我们的研究目的而言，这一点是无关紧要的。无论如何，我们都可以有把握地认为，我们下面所举的例子并非是孤立的特例而是广泛流行的习惯性行为。

在帝汶岛（Timor），当一支好战的远征军带着被征服的敌人的首级凯旋之时，人们总要举行（对敌人的）安抚仪式。这种仪式尤其值得我们关注，因为除此之外，远征军的首领也要遵从一些严厉的限制。当远征军归来时，人们要摆上祭品来安抚那些被砍下头颅的敌人的灵魂。"人们认为如果不献上祭品，某些厄运就会降临到胜利者的头上。另外，仪式中的一部分是由歌舞构成的，其中人们会哀悼被杀死的敌人并乞求他们的宽恕。人们唱道：'不要因为你们的头颅在我们这儿而愤怒；如果我们运气不济，我们的头颅现在也许早已散落在你们的村落。我们已经供奉上祭品来告慰你们。你们的灵魂现在可以安息了，恭请平静地离开我们。你们为何要做我们的敌人？我们仍像从前一样做朋友不是更好吗？那样你们的鲜血就不会喷涌而出，你们的头颅也不会被砍下。'"① 西里伯斯岛（Celebes）的帕卢人（Paloo），其情形与此相同。同样地，"[东非的]加拉人（Gallas）在征战归来重返家门之前，都要向被其杀死的敌人的精灵（Jinn）或守护神献祭"②。另外一些民族则找到了一种将其以前的敌人在其被杀死后转变为保护神、朋友及施善者的方法。正如某些博尼奥（Borneo）的野蛮民族所吹嘘的那样，这种方法的具体做法就是以爱心来友善地对待被其砍下的敌人的头颅。当沙劳越（Sarawak）

---

① J.G.Frazer（1911b, p.166），转引自 J.S.G.Gramberg, 1872, p.216。

② 引自 P.Paulitschke, 1893—1896, *Ethnographie Nordost-Afrikas*, 2, Berlin, p.50, 136。

的沿海迪雅克人（Sea Dyaks）从一次成功的猎头远征中将敌人的头颅带回家以后，在其后的几个月里，这头颅都会受到最细心的照料，而且用他们语言中所有可能的爱称来称呼它。他们会将各种最美味的食物乃至雪茄塞进头颅的口中。人们也不断地恳求这头颅去憎恨它从前的朋友而爱护它现在的主人，因为它现在已是他们中的一员了。倘若有人假定这些让我们如此恐怖的仪式化行为乃是一种带有某些嘲弄意图的表演，那将是大错特错的。①

研究者们对于北美洲的一些野蛮部落中存在的一种现象感到震惊：这些部落的人对那些已被他们杀死并剥去头皮的敌人举行哀悼仪式。当一个乔克托人（Choctaw）杀死了一位敌人后，他要进行为期一个月的哀悼活动，期间，他必须遵从一些严厉的约束，达科他人（Dacotas）也具有类似的做法。一位目击者曾报道说，当奥萨格人（Osages）悼念他们自己部落的战死者时，"他们也会像对待朋友一样去悼念其敌人"。②

在继续探讨余下的几种与对待敌人有关的"塔布"习

---

① J.G.Frazer（1914，1，p.295），引自 H.Low, 1848, Sarawak, London, p.206。

② J.G.Frazer（1911b，p.181），转引自 J.O.Dorsey, *An Account of the War Gustoms of the Osages*, 1884, p.126。

俗之前，我们必须先来解决一种明显的反对意见。弗雷泽及其他人的论述都会被用来反对我们的观点，即他们认为这样的安抚仪式（rites of appeasement）其理由是相当简单的，与"矛盾情感"没有任何关联性。这些民族只不过是受到一种惧怕被其杀死的敌人之鬼魂的迷信所主宰，这种惧怕在古代就已为人所知，并且曾经被伟大的英国戏剧家在《麦克白》与《理查三世》的剧作中以幻象的方式搬上了舞台。所有的安抚仪式都可以从这种断言中合乎逻辑地推理出来，而我们即将讨论的关于赎罪的一些禁制和行为也是如此。这种观点也可以从我们提及的这些仪式化行为中的第四组中寻得支持，（按照这种观点）这组行为也就只能被解释为（他们之所以这么做是想）试图驱逐那些会向杀人者追魂索命的被杀者的鬼魂。① 除此之外，野蛮人也公开承认他们对于被杀死的敌人之鬼魂的惧怕，而且他们自己也将我们正在讨论的"塔布"习俗归诸于这种惧怕。

这种反对意见的确是十分明显的，假如它能够适用于所有的讨论范围，那我们倒是可以把自己从试图对此问题作进一步的解释这种麻烦中解脱出来。我将把对这种观点的讨论延后进行，而目前我仅仅关注的是对于从我们前面对"塔布"的讨论中得出的一种可供选择的观点进行陈述。

---

① J.G.Frazer（1911b，pp.169-174）。这些仪式包括击打盾牌，大声呼叫和高声尖叫，用乐器发出刺耳的声音，等等。

我们从所有这些仪式化行为中必然会得出的结论是：这些野蛮人对其敌人所表达出来的那种感情冲动不仅仅是充满敌意的；它们也是在其杀死敌人之后产生的懊悔，对敌人的敬佩以及良心谴责这些情感的表现形式。很难抵制这样一种观念，即在任何类型的神赐法典出现之前的很长时间里，这些野蛮人就生活在这样一个活生生的戒律之下，即"不可杀人"，对这条戒律的任何违背都难逃惩罚。

现在让我们返回到对其他三组"塔布"仪式化行为的探讨上。施加在获胜的杀人者身上的禁制异常得多而且通常都很严厉。在帝汶岛，远征军的首领被禁止马上回到他自己的家中。人们为他准备了一间特别的棚屋，他必须在此屋中住上两个月，经受身体上和精神上的净化。在此期间，他不能接近他的妻子，也不可自己进食：食物必须由其他人送入他的口中。① 在某些迪雅克人（Dyak）的部落，征战凯旋的人们必须禁闭数日而且不许吃任何种类的食物，他们既不可触摸铁器也不能与任何女人有染。在与新几内亚（New Guinea）邻近的洛吉亚岛（Logea），"杀过或帮助杀过敌人的人要在他们自己的家中禁闭一周时间。他们必须避免和其妻子及朋友发生性关系；他们也不能用其双

---

① J.G.Frazer（1911b，p.166），转引自 S.Müller, 1857, 2, p.252。

手触摸食物。他们只能吃用一种特殊的瓦罐煮好后端给他们的素食。这些禁制的目的是为了防止人们闻到被杀死的敌人的鲜血的气味;因为他们相信如果谁闻到这种血气谁就会得病而亡。在新几内亚东南部的托亚里皮(Toaripi)或莫图莫图(Motumotu)部落,杀人者不可接近他们的妻子,也不能用其手指接触食物。他们由别人喂食,而且只能吃某些种类的食物。这些禁制一直要延续到新一轮新月的升起"①。

我不打算将弗雷泽所引用的关于施加在获胜的杀人者身上的禁制的例子全都列举出来。我将仅仅对其中"塔布"特征体现得十分明显或者这些禁制还伴随有赎罪、净化及其他仪式化行为的少数几个例子加以评述。

"在德属新几内亚的莫农博人(Momnnbos)中,凡在战时杀过敌人的人都因此变得'不洁'",相同的称谓也用来指称处于经期或生育期的妇女。他们必须在男人们住的公房中待上很长一段时间,村民们则会围着他载歌载舞地欢庆胜利。他们不可以接触任何人,甚至是他们的妻子和孩子;如果他们接触了谁,据说谁就将遭受痛苦。他们可以用水清洁以及使用其他净化方式而使自己重新

① J.G.Frazer, 1911b, p.167.

变得"干净"。①

在北美洲的纳切斯人（Natchez）中，年轻的勇士在猎获了其第一张人头皮后必须遵从某些禁欲规则长达三个月之久。他们不能与妻子同床，也不能吃肉；可以吃的只有鱼和玉米粉糊。……当一个乔克托人杀死了一个敌人并带回其头皮后，他要进行为期一个月的哀悼，在此期间他不能梳头，如果头皮发痒，他不能直接用手抓挠而只能用其手腕上佩戴的专门用于此目的的小木棒来代劳。②

当一位皮马（Pima）族印第安人杀死了一个阿帕切人（Apache），他就必须参与一些严厉的净化及赎罪仪式。其间有16天的斋戒日，他不能接触肉食和盐，不能见到燃烧的火，也不能同他人讲话。他一个人住在森林里，由一位老妇人照料，她只能给他带来极少量的食物。他要经常在河中洗浴并且将其头上涂满泥巴（以作为哀悼的标记）。到了第17天，人们才为他举行一个公开的庄重仪式，对他本人及其武器进行净化。因为皮马族印第安人在对待有关杀人的塔布上远比其敌人——他们要到征战结束后才举行赎罪及

---

① J.G.Frazer, 1911b, p.169.
② J.G.Frazer, 1911b, p.181.

净化仪式——严格,因此,他们的战斗效率就会由于其道德上的严厉性,或者说虔诚(倘若这个词更为可取的话)而大为削弱。尽管他们极其勇敢,美国人还是认为他们并非其攻打阿帕切人的令人满意的同盟军。①

无论在杀敌之后举行的赎罪及净化仪式的细节及其变异对于深化我们的主题研究如何的具有意义,我都要在此打住,因为就我们的研究目的而言,它们已经不再能够多告诉我们什么了。我也许可以指出的是,在今天仍然保留着的对职业刽子手的暂时或永久的隔离行为,可能就与此大有关联。中世纪社会中公开绞刑的执行者的地位为我们理解"塔布"在野蛮人中的作用提供了一种很好的写照。②

从目前被人们所接受的关于所有这些安抚、禁制、赎罪及净化的仪式化行为的解释中,我们发现有两条联结在一起的原则:其一,将"塔布"的范围由被杀的人扩展到所有与之相接触的事物之上;其二,对被杀者的鬼魂的惧怕。这两种因素是如何被相互结合起来解释这些仪式化行

---

① J.G.Frazer, 1911b, pp.182-184.

② 在 J.G. 弗雷泽的《金枝》一书中,"与杀人者相关的塔布"(mansiayers tabooed)这一部分里有关于这些实践的更多例子(J.G.Frazer, 1911b, pp.165-190)。

为的？它们（在解释上述主题时）是否可被视为具有同等的重要性，抑或其中一种是主要的而另一种是次要的？果真如此，这些问题都将得不到答案，而且事实上很难找到这样的答案。另一方面，我们则可以强调我们在此问题上的观点一致性，即所有这些仪式化行为都源自对于敌人的那种矛盾情感。

## （二）与统治者相关的"塔布"

原始民族对待其酋长、国王及祭司的态度受制于两个与其说是矛盾的毋宁说是互补的基本原则。一个统治者"不仅要受到保护，而且必须受到防范"。[①] 这两个目的是由无数的"塔布"禁律予以保证的。我们已经知道统治者之所以要受到防范的原因。那是因为他们是神秘而危险的魔力的载体，而这种魔力则像一个带电体一样可以通过接触而传递，这种传递会给那些没有受到类似能量保护的人带来死亡和毁灭。同这种危险的神圣实体的任何直接或间接的接触因此都须加以避免，倘若无法避免，就要想出一些仪式化行为来避免可能出现的可怕后果。例如，东非的努巴人（Nubas）就"相信如果他们进入其祭司首领的屋子就会导致死亡；然而他们可以通过袒露其左肩并请祭司

---

① J.G.Frazer, 1911b, p.132.

首领将手放在其上来免除擅闯之罪"。① 我们在这里遇到了一个值得关注的事实，即因接触君王而遭致的危险又可以通过与君王的接触而得以补救和防止。然而，在国王有意触摸而产生的补救性力量和他被人触摸所导致的危险（力量）之间无疑存在着一种对照关系：这是与君王相关的被动与主动关系之间的一种对照关系。

关于这种因高贵的触摸而产生救治性力量的例子，我们并不一定非要到野蛮人中去寻找。在并不遥远的时代里，英国国王就因为他们拥有治疗淋巴结核病的力量而沾沾自喜，这种病也因此以"国王的邪恶"（the King's Evil）之名而广为人知。在对这种皇室特权的使用上，伊丽莎白女王并不逊于其后继者。据说查理一世在1633年一举治愈了上百个病人。不过，只是在他那放荡的儿子查理二世的王政复辟时期，运用皇室特权治疗淋巴结核病才达到了其高峰。在其统治期间，查理二世曾因运用此法触摸了上万人而声名远播。寻求用此法治病的人常常是如此之多，以至于有一次在这样的求治人群中有六七个人因拥挤而被踩踏致死。斯图亚特王朝终结后成为英国国王的奥伦治公爵威廉（William of Orange）因为怀疑此种治疗方法而拒绝进行此类神秘的救治活动。只有一次在别人的劝告之下，他

---

① J.G.Frazer, 1911b, p.132.

将手放在一位病人身上并对他说:"愿上帝赐给你更多的健康和理智。"①

下面这些故事都可以作为因有意甚至是无意之中触及国王或者是某种属于国王的东西而产生了可怕后果的例证。新西兰一位地位很高、神圣不可侵犯的酋长偶然有一次将他吃剩下的残羹丢弃在路边。一位粗壮而又饥肠辘辘的奴隶在酋长走后不久来到了这里,当他看到那未吃完的食物时就不分青红皂白地将它吞下了。就在他刚刚吃完的时候,一位惊恐万状的旁观者告诉他,他刚刚吃下的食物是酋长吃剩的。这位奴隶本是一个强壮勇敢的人,但是"一听到这个致命的消息,全身立即开始抽搐,胃部出现痉挛,这种状况一直持续到当日太阳落山他死亡时也没有停止"。②"一位毛利族妇女在吃完了一些水果之后听说这些水果是来自一个被禁之地时,马上就尖叫道,酋长灵魂的神圣性已被我亵渎,他肯定会杀死我的。这事发生在当日下午,到次日中午 12 时,她就命归黄泉了。"③"一位毛利人酋长的火绒盒曾经杀死过好几个人,这是因为酋长遗失

---

① J.G.Frazer, 1911b, 1, pp.368–370.

② J.G.Frazer(1911b, pp.134–135),引自一位毛利族白人(a Pakeha Maori),1884,第 96 页以下诸页。

③ J.G.Frazer(1911b, pp.134–135),转引自 W.Brown, 1845, *New Zealand and its Aborigines, London*, p.76。

其火绒盒之后,被几个人拾到并用来点燃其烟斗,当他们听说这个火绒盒曾经是谁的所有物时突然惊吓而死。"①

人们不必对下列情形感到惊讶:(在当时的社会中)有着将酋长和祭司这样的危险人物与共同体的其他成员隔离开来的需要,这也是为了在这些人物周围建立起一道使他们不可接近的屏障。我们可能开始明白,这种最初为了让人们遵从"塔布"而设立的障碍,在今天则是以宫廷礼仪的形式存在着。

但是,这种与统治者相关的"塔布"的最主要部分也许并非源于要对他们加以防范的需要。对特权人物进行特殊对待的第二个原因——需要保护他们免受危险的威胁——在创制"塔布"以及导致后来的宫廷礼仪形成方面都曾经起过明显的作用。

保护国王不遭受可能出现的任何形式的危险的需要,不论是福是祸,就一国之君对其臣民的极端重要性而言,这种需要都是必然会出现的。严格说来,正是这一国之君掌控着生存的整个过程。"人们必须感谢他赐予让大地上的果实得以生长的雨水和阳光,感谢他赐予让远航的船儿归航的顺风;甚至还要感谢他赐予他们脚下坚实的大地。"②

野蛮民族中的这些统治者拥有在某种程度上能够赐福

---

① J.G.Frazer, 1911b, pp.134-135,引自 R.Taylor, 1870, p.164。
② J.G.Frazer, 1911b, p.7.

的权力和能力，这些权力和能力只能归诸于神；而在后来文明发展的诸阶段中，只有奴颜婢膝的臣子才会假惺惺地鼓吹其君王拥有这些权力和能力。

我们肯定会觉得这种现象是自相矛盾的：拥有无限权力的这些统治者为何还需要如此小心地保护自己免受危险的威胁。然而，这还不是野蛮民族在对待其王室成员的方式中表现出来的惟一矛盾的地方。因为这些民族还认为有必要对其国王进行监督，看他是不是恰当地行使其权力，他们决不会轻易相信他的好意或良心。这样的不信任因素可以追溯到为何要对国王施加诸多"塔布"禁律的原因中去。弗雷泽写道："那种认为早期王国是专制主义的，生活在其中的人民只为专制者而生的观点是完全不适用于我们正在讨论的君主政体的。相反，其中的最高统治者仅仅是为其国民而设的；只有当他通过控制自然过程为其臣民谋福利从而履行了其职责时，他的生命才具有价值。一旦他不能履行其职责，他们此前所慷慨给予他的照顾、忠诚以及宗教式的崇敬都会终止，取而代之的是憎恨和鄙视。他会被不体面地赶下台；若能保住性命，已是谢天谢地了。曾经被像神一样崇拜的他，最终却要像罪犯一样被处死。不过，在人们对其君王先后不同的行为转变中，并没有任何反复无常、变动不居的因素。相反，他们的行为是完全一致的。如果他们的君主就是他们的神,那么他就是或者应该是他们的保护者,而如果他不能够保护他们,那么他就必须让位于那些能够保护他们的人。然而,只要他能够满足他们的期望,他们就会给予他无限的关照,而且迫使他照料好自己。此类君王生活在一个由众多礼仪性的陈规戒律,如网般的禁令和惯例构成的樊篱之中,这些清规戒律的目的并不是为了彰显其尊贵,更不是保证其安逸,而是用来限制其行为,使其不能扰乱自然的和谐(秩序),从而免于让他自己、他的人民乃至整个宇宙陷入一场共同的大灾难之中。这些仪规戒律,远不是为了增加其安逸,而是要约束他所有的行动,剥夺其自由,而且经常会危及其生命。对其臣民来说,他的生命是他们所要保护的对象,对他而言,这种生命则是一种负担和悲伤。"①

一位神圣的统治者以上述方式被"塔布"禁制所束缚以至于瘫痪,在这样的例子中,最著名的莫过于几百年前日本天皇的生活方式。据一份写于200年前的报告所述,日本天皇"认为以脚着地是对其尊严和神圣性的极大损伤,正是因为这个原因,所以不管他想到什么地方去,都必须让人们抬着他。其臣民更不会容忍他将其神圣的身体暴露于室外,连太阳都被认为不配照在他的头上。他身体的所

---

① J.G.Frazer, 1911b, p.7.

有部分被认为具有如此的神圣性以至于他既不敢剪发、剃须也不敢剪指甲。但是，为了不使他的身体变得太脏，其属下也会在他夜里睡熟之后对他进行清洁，因为他们认为此时从其身上取下的任何东西都是从他那儿偷来的，而这种偷窃行为并不会伤及其神圣或尊严。古时候，天皇每天早晨都不得不头戴皇冠，如同雕像般地在其皇位上端坐数小时；在此期间，他的手、足、头、眼以至身体的任何部位都不能动弹。因为其臣民认为只有这样，他才能够保护其帝国的和平与安宁。如果很不幸地，天皇在其皇位上将身体转向某一方，或者对其版图的任何一部分凝视良久的话，那么，人们就会担心战争、饥荒、火灾或者其他的大灾祸很快就会降临并毁坏整个国家"。①

施加于野蛮民族统治者身上的某些"塔布"不禁使人想起加诸于谋杀者身上的那些禁制。例如在西非，"在下几内亚帕敦角附近的鲨鱼角（Shark Point），祭司首领库库鲁（Kukulu）独自生活在一片树林里。他既不能接触女人也不能离开其房子；事实上他甚至不能离开他的椅子，他必须在这把椅子上坐着睡觉，因为一旦他躺下，就不会再有风，航行也将停止。他掌控着风暴，并且使大气大体上保持一种对人有益的、温和的状态"。有作家还提及此地的

---

① J.G.Frazer, 1911b, p.3, 转引自 E.Kaempfer, 1727, *The History of Japan*, Vols. 2, London, p.150。

洛安戈人（Loango）的情况：在那儿，统治者具有更大的力量，他必须遵从的"塔布"禁止也就更多。① 王位的继承人从其婴幼儿时期起就要遵从这些"塔布"；其数量将随着他的成长而增加，等到他登上王位的时候，他实际上已被这些"塔布"禁制窒息得快要死了。

由于篇幅所限，同时我们的研究旨趣也不允许我们对这些与国王和祭司尊严相关联的"塔布"进行深入地描述。我只想补充说明，在这些"塔布"禁制中最主要的部分是对其自由运动及饮食的限制。然而，发生在文化发展水平更高的文明社会中的两个有关"塔布"禁制的例子表明，与这些特权阶层人物的接触对于古代习俗产生了多么大的保护作用。

在古罗马，朱庇特（Jupiter）神的最高祭司迪亚里斯（the Flamen Dialis）就必须遵从数量异常繁多的"塔布"禁制。他"不能骑甚至不能接触马匹，也不能看到被武装起来的军队，既不准戴完好的戒指，也不能在其衣服的任何地方打上结饰；……他不能触及面粉或发酵的面包，不能触摸甚至是不能叫出山羊、狗、生肉、豆类以及常春藤的名字；……他的头发只能由一位自由民用铜剪刀加以修剪，而且，剪下的头发和指甲必须埋在一棵幸运树的下

---

① J.G.Frazer（1911b, p.3,5），转引自 A.Bastian，1874–1875, *Die deutsche Expedition an der Loango-kuste*, Vols. 2, Jena, p.287, 355。

面；……他不能触摸尸体；……他不能暴露（身体）于室外"，如此等等。"他的妻子，即祭司后（the Flaminica），除了针对她自己的那些规定外，也必须遵从与上述几乎相同的所有禁制。她不能在一种被称为希腊（Greek）的楼梯上走过三步；在某些特定的节日里，她不能梳头，用来制作其鞋子的皮革不能用自然死亡的动物皮而只能取自被杀死或用作祭祀的动物；如果听见雷声她便成了禁忌，直到献上其赎罪的祭品才能解除禁忌。"①

爱尔兰的古代君王需遵从大量稀奇古怪的禁制。如果这些禁制得到遵守，所有的祝福便会降临到这个国家，但是如果它们遭到违背，所有的灾难就会降临。《权利之书》（*Book of Rights*）就记载了这些"塔布"禁制的一个完整目录。这本书的两个最早的手抄本可以追溯到1390年和1418年。这些禁制最细致的部分涉及特定时间特定地点的特定行为，例如，国王不能在一周中特定的某一天待在某个城镇；他也不能在这一天的某个特定时间跨过某一条河流，他不能在某一片平原上连续宿营9天，如此等等。②

在许多野蛮民族中，施加于其祭司首领身上的这些"塔布"禁制的严厉性所导致的后果在历史上具有重要的意

---

① J.G.Frazer, 1911b, p.13.

② J.G.Frazer, 1911b, p.11.

义，而从我们的观点来看，这些后果也具有特殊的价值。王位所具有的那种尊严不再是一种让人羡慕的东西，因而那些被推举出来担任此职位的人经常会采取一切可能的手段来逃避这种职位。因此，在柬埔寨，水与火（Fire and Water）的王位继承人经常是被迫接受这些荣衔的。在纽埃岛（Niue）或者萨维奇岛（Savage Island）——南太平洋上的一个珊瑚岛——君主政体实际上已经终结，因为没有人能够被说服来担任君主这种既责任重大又很危险的职务。"在西非的一些地区，一位国王去世后，就会秘密地举行一个家族会议来确定王位的继承人。被选中者会被突然挟持、捆绑并扔进'物神屋'（fetish-house）中关闭起来，一直到他同意接受王位才被放出来。有时候王位继承人会想尽一切办法来逃避这种他认为是强加给他的荣誉，据说有一位凶悍的酋长经常全副武装，要以武力坚决抵制任何想把他推上王位的企图。"[1] 在塞拉利昂的土著中，拒绝接受王位之荣耀（的行为）是如此激烈，以至于当地的大部分部落不得不去挑选异族人来做他们的国王。

J.G. 弗雷泽将这些情形归诸于这样的事实：在历史进程中，最初的神职王位（所具有的权力）最终都会分化为精神的和世俗的两种权力。受到其神圣职位必须承

---

[1] J.G.Frazer（1911b，p.17），转引自 A.Bastian，1874–1875[1, p.354；2, p.9]。

担的重任之压力，（早期的）统治者就不再能够在现实的具体事务上发挥其支配作用，对这些事务的管理之责便落入那些职位稍低但负责实际工作之人的手中，而这些人则要放弃王位的荣誉。此后，这些人便成为世俗（世界）的统治者，而那被剥夺了任何现实重要性而只是精神上的至高地位则留给了以前那些拥有"塔布"的统治者。[1]人们都熟知这种假说能在古代日本的历史中得到多大程度的证实。

如果我们对原始人与其统治者的关系进行一个综合观察，就会产生这样一种期望：我们将会轻易地把对这种关系的描述推到对它们进行精神分析式的理解。这些关系错综复杂，中间还夹杂着一些矛盾。统治者们被赋予很大的特权，它们正好与那些施加于其他人身上的禁忌相一致。他们是特权人物：他们显然可以做或享用"塔布"禁止其他人做的事情。然而，作为对这种自由的防备，我们也发现这些统治者要遵从其他的"塔布"禁制，普通老百姓则可免受这种制约。在这里，我们发现了第一种对照——几乎就是一种矛盾——亦即这样一种事实：这些统治者既拥有相当的自由也承受相当的限制。再者，他们被认为拥有

---

[1] J.G.Frazer, 1911b, pp.17–25.

超常的魔力，以至于人们惧怕与他们本人或者其财物相接触。另一方面，人们也可以期望借助同样的接触而获得最有益的结果。此处似乎存在一个特别明显的矛盾。但是，正如我们已经看到的那样，它只不过是一种表面现象而已。源自国王的接触是具有治疗性和保护性的，而危险的接触则是由普通民众去接触其统治者及其所有物而导致的——这可能是因为他们的接触也许暗藏着侵犯性冲动的缘故。还有另外一个可以从下述事实中发现却又不是那么容易解决的矛盾：即统治者被认为能够对自然界的力量施以极大权威（的影响），但他又不得不被极其小心地保护起来以防止危险的威胁。他所拥有的无所不能的力量似乎在保护自己时无能为力。由于下述事实，情势变得更加让人难以理解：人们不会相信统治者会以正确的方式来行使他那无限的权力，即用于为其臣民造福和保护自己。于是，人们不相信他并认为有理由对他进行监督。统治者终其一生都必须遵从的那些"塔布"仪规，于是就具有了同时服务于所有这些保护性的目的：保护统治者自己免遭诸危险的威胁，保护其臣民免受由他产生的危险的威胁。

用下述方式来解释原始人对其统治者那种复杂而又矛盾的态度似乎是合理的。因为迷信或其他原因，原始人心中各种各样的冲动在他们与其君王的关系中都能寻得其表达方式，如果不是顾及其他冲动（的影响），这些冲动中的每一种都会发展到极端的程度。这样就导致了矛盾的产生——顺便提及的是，原始人的理智倒是很少受到这种矛盾性的干扰，正如在文明程度更高的社会中，人们对于宗教或"忠诚"这类事物很少怀疑一样。

到目前为止，一切顺利。然而精神分析技术却可以使我们对此问题的探讨更加深入并进入这些不同冲动的细节讨论上去。如果我们对这些记录下来的事实进行分析，视其为神经症所表现出来的前期症状，那么，我们的出发点就必须变成那被提出来作为"塔布"仪规之原因的过分的担忧和焦虑。在神经症，尤其是强迫性神经症中，这种过分的忧虑是非常普通的，这也是我们的比较研究所主要关注的地方。我们对其起源的认知已经非常清楚。无论在何处，除了一种占据主导地位的爱之情感外，也似乎存在着一种潜意识的敌对倾向，这种爱恨交织的情势表现了矛盾情感态度的一种典型例证。此后，这种敌意可以说是被爱的情感那过分的强化作用（intensihcatkrn）所淹没了，但它也表现出一种焦虑性并成为强制性的，因为若不如此它就不可能充分地完成其任务，即将与之相对立的那种情感倾向压制下去。每一位精神分析专家依据其经验都知道，将这种焦虑性的过度之爱（solicitous over-affection）应用于甚至是最不相似的情形中——例如，母子之间的依恋或者情侣之间的爱恋——会具有什么样的确定性。如果我们现在将这种解释应用到特权人物身上，我们就会认识到，在人们对他们感到尊敬，实际上是崇拜的同时，在其潜意识中也存在着一种对他们相反的充满敌意的强烈倾向；事实上，正如我们已经预料到的那样，我们遇到的是一种矛盾情感的情形。因为对君主的不信任而对其施以"塔布"禁忌这一事实提供了一种明显的说明，这因此可被视为同一种潜意识中敌视感的另外一种，也是更加直接的一种表达形式。事实上，由于在不同的民族中都可以找到这种冲突所导致的不同结果，我们因此并不会对那些依然十分明显地显示出这种敌意之存在的例子感到困惑。我们从 J.G. 弗雷泽①那里了解到："在塞拉利昂野蛮的提姆人（Timmes）中，他们仍然保留着对于他们选出的国王在其登基之夜对其进行鞭打的权力；因为他们是怀着如此热忱的美好愿望来使用这种合法的特权，所以有时候便会出现一位忧郁的国王在其即位不久就去世的情形。因此，当有权势的酋长们对某人怀恨于心并想除掉他的时候，他们就会选他为王。然而，即使在这样显著的例子中，人们仍不公开承认其敌意，而是假借仪式化行为来伪装它。"

原始民族对待其统治者的态度的另一面使人想起神经症中普遍存在的一种心理过程，这种心理过程在人们的公

---

① J.G.Frazer（1911b，p.18），转引自 J.Zweifel, M.Mous Teifr, 1880, *Voyage aux Sources du Niger Marseilles*, p.28。

开谈论中是以受迫害妄想狂之名为人所知的。在这种病症中，某一个特殊人物的重要性被无限地夸大，其绝对权力也被夸大到无以复加的程度，而这样做的目的只是使他更容易地承担起对于患者感到不满的一切事物的责任。原始人实际上就是以与此相同的方式来对待其君王的：他们先是将对雨水和阳光、风与天气的控制权力归诸于他，然后又在因大自然的不满使他们不能获取丰厚的猎物和收成时而废黜或杀死他。基于受迫害幻象基础上的妄想狂症，其模型就源于父子之间的关系。父亲在其儿子心目中的形象常常蒙上一层（拥有）此类极大权力的光环，而且可以发现，儿子对父亲的不信任是与对其崇敬紧密地连在一起的。当一个妄想狂患者将一个与之相关的人的形象视为"迫害者"（persecutor）时，他实际上是将自己提升到其父亲的位置上：他将自己置于一个可以因其所有不幸而对那个"迫害者"加以谴责的位置上。这样，野蛮人与神经症患者之间的第二个类似之处就使我们得以观察到这样一种事实：大部分野蛮人对其统治者的态度都是源自儿童对其父亲的幼稚态度。

不过，对于我们将"塔布"禁忌与神经症症状同等对待的努力的最有力支持却是来自"塔布"仪规本身。我们已经讨论过这些禁忌对于王室职位的影响。只要我们乐意承认这些仪式所导致的结果从一开始就是有意图的，那么这些仪式就会明显地显示出其双重意义以及它们是源自矛盾情感冲动的事实。禁忌不仅仅要挑选出国王并将其地位提升到所有普通民众之上，它也使其生存成为一种痛苦折磨和无法承受的重负，使其受到远比其臣民更严厉的束缚。因而，在这里我们发现了一种与神经症中的强迫性行为完全相对应的行为模式，其中被压迫的冲动和压迫的冲动能够同时得到共同的满足。强迫行为只是一种表面上的对被禁行为的防范行为，但是从我们的观点看，它实际上是对它的一种重复行为。（在此）"表面上"指的是心理中的意识部分，而"实际上"指的是其潜意识部分。正是在与此完全相同的意义上，那施加于君王身上的"塔布"仪规表面上是赋予他们最高的荣誉并给予他们保护，而实际上则是对其凌驾于众人之上的一种惩罚，是由其臣民对其采取的一种报复。塞万提斯（Cervantes）笔下的桑丘·潘沙（Sancho Panza）在其小岛上当总督的经验使他相信，我们对于宫廷礼仪的看法是惟一合乎实情的。如果我们能够听到现代的君主和统治者对此问题的看法，我们也许会发现有许多人的观点与桑丘的看法是一致的。

人们对其统治者的情感态度中为何包含一种如此强大的潜意识的敌视，这个问题又产生了一个非常有意义的问题，不过这些问题超出了我们目前的研究范围。我已经简要提到过的一种事实，即儿童与其父亲的情感关系中存在着一种父亲情结（the father-complex），就与此问题有关。另外，我还可以补充一点，对于王位早期历史的更多了解将会为此问题提供一个决定性的认识。J.G. 弗雷泽（就此问题）曾经提出过令人印象深刻的观点，他猜测早期的君主都是外族人，他们在履行了一段短暂的统治之后，即被作为神的代表而成为神圣仪式上的牺牲（尽管 J.G. 弗雷泽自己也认为，他所提出的那些理由并非完全是结论性的）。很可能的是，王位的这种演变史对于基督教的神话产生了某些影响。

## （三）与死者相关的"塔布"

我们都知道，死者是强有力的统治者（死者为尊）；但是，当我们听说有人将死者当作敌人对待时仍不免会大吃一惊。

如果我仍使用以前的做法以传染性来作比的话，那么，关于死者的"塔布"在大多数原始部族中可以说尤其具有毒性。它首先体现在与死者相接触所导致的诸后果以及对待哀悼者的方式之中。

在毛利人的认知中，任何碰到过尸体或者在葬礼中触摸到某种物体的人都被视为最不洁者，他与其族人的一切交往几乎都被中止，或者用我们的话说就是，他被大伙联合抵制了。他不能进入任何房间，或者说与任何人或物相接触都会传染他们。他甚至不能用手接触食物，否则那些被其接触过的食物就会由于其不洁而变得毫无用处。"为他准备的食物被放在地上，他进食的时候先坐下来或者跪着，双手很小心地背到身后，尽量地用嘴去咬食。有时候也由另外一个人来给他喂食，喂食者在喂食时尽量伸长胳膊以避免触及这个附有'塔布'之人。而喂食者本人也必须遵从许多严厉的限制，其繁复程度不亚于被喂食者所遵从的那些'塔布'禁制。几乎所有人口稠密的村庄里都生活着一个处于最底层的卑贱者，他们就是靠服侍那些不洁者而得到的一点可怜的微薄收入来维持生存的。"只有他们被允许"与那些给死者送过葬的人近距离地来往。当哀悼者那段难受的隔离期结束并准备重返其社群时，他在此期间所使用过的盘碟用品都要被仔细地加以摔碎，他在此期间所穿过的衣服也要小心地扔掉"①。

在遍及整个波利尼西亚、美拉尼西亚及非洲的部分地区，人们在与死者有过接触之后所必须遵从的"塔布"禁制都是相同的。其中最常见的特征就是禁止那些与死者有过接触的人自己接触食物，并因此需要其他人来喂他们。一个引人注目的事实就是在波利尼西亚（尽管相关报道中也许仅仅指的是夏威夷），当祭司首领在履行其圣职时，也

---

① J.G.Frazer，1911b，p.138.

必须遵从与上述相同的禁忌。① 在汤加（Tonga），关于死者的塔布禁忌是一个特别清晰的例子，其中人们所受禁忌的严厉程度是随着那些被施以"塔布"之人的"塔布"力量的变化而变化的。这样，任何触摸了死去酋长之尸体的人都要度过十个月的不洁期；但是这个触犯者本人倘若也是一个酋长的话，他就可以根据死者的身份只需遵从禁制三、四或五个月即可；而如果死者是位"伟大的神圣酋长"的话，即使是最有权势的酋长也必须遵从禁忌十个月。这些野蛮人坚定地认为，任何触犯了"塔布"戒律的人都必定会生病和死亡。事实上，他们是如此坚定地相信这一点，以至于一位观察者认为"没有一个土著曾试图做个试验来证明这样做是错误的"②。

相同的禁忌基本上也适用于那些仅仅在隐喻的意义上与死者有所接触的人：哀悼过死者的亲属、鳏夫及寡妇（尽管在我们看来，这些禁忌是更加有趣的）。我们目前提到的那些"塔布"仪规似乎仅仅给出了关于"塔布"的毒性及其传染力的典型表达。而现在我们将要看到的例子则会给我们提示一些关于"塔布"的理由——既有表面上的理由，也有我们必须视为深层次的真实原因。

---

① J.G.Frazer（1911b，p.138），引自 W.Ellis, 1832—1836, *Polynesian Researches*, 2nd ed., Vols. 4, London, p.388。

② J.G.Frazer（1911b, p.140），引自 W.Mariner, 1818[1, p.141]。

"在英属哥伦比亚的舒斯瓦普人（Shuswap）中，处于丧期的寡妇和鳏夫要被隔离起来并禁止人们触摸其头部或身体；对于他们用过的杯子及炊具，其他任何人都不得再使用……猎人们不能靠近他们，因为看到他们就意味着霉运。如果他们的影子落到谁的身上，那么谁就会马上病倒。他们用荆棘条做床和枕头……就连床的四周都要放上荆棘条。"这最后的一个做法是专门用来阻止死者的鬼魂靠近的。从对另一支北美部落的习俗的报道中，我们将会看到与此相同的目的被更加清晰地表现出来。据报道，丈夫死后，其未亡人要在一段时间内穿上用干草束做成的围裙以阻止其丈夫的鬼魂与其发生性关系。这个例子表明，所谓"隐喻意义上"的接触终究还是被理解为肉体性接触，因为死者的鬼魂并没离开其亲属，也没有在丧期里停止在其亲人周围的"游荡"。

"在居住于菲律宾群岛巴拉望岛（Palawan）上的阿古塔亚诺人（Agutainos）中，一个妇女在其丈夫死后的七天或八天内不能离开她居住的小屋；即使是在此日期以后，她也只能在不可能遇到任何人的时间里出去，因为不论谁见到她都会暴毙而亡。为了防止这种致命的灾祸出现，当她在路上走的时候就用木棍敲打树干，从而警告人们避免与之接近而带来的危险，而且她敲打的每一棵树很快就会枯死。"下面一个例子将这种惧怕遭致危险的性质更加清晰地展现出来。"在英属几内亚的梅克奥（Mekeo）地区，一位鳏夫会失去其所有的公民权利，而且成了一个社会的弃儿，成为大家恐惧和憎恶的对象，人人避之惟恐不及。他既不能培育苗圃，也不能在公众场合露面，亦不能在大道小路上行走。他必须像一只野兽一样在深深的草丛和灌木林中潜行，而且倘若他看见或听到有人走近，尤其是人，他就必须隐藏在树后或灌木丛中。"这最后一个例子使得我们很容易就将寡妇和鳏夫所具有的危险特征之根源追溯到诱惑的危险性上。一个失去妻子的男人必须抵制这种欲望，即寻找一个其妻子的替代者，一个寡妇也必须与这样的欲望作斗争，而且这种欲望对她来说更有可能，因为失去了（那曾占有她的）主人，她就很容易激起别的男人的欲望。这种替代性满足（substitutive satisftictions）与（对死者的）哀悼之情是相对立的，而且将不可避免地激起（死者）鬼魂的愤怒。①

在与哀悼（死者）相关的习俗中，最令人困惑，同时又是最富有启发性的是这样的禁忌，即禁止说出死者的名字。这种习俗分布极广，并以不同的方式表现出来，而且

---

① 我在本文的前面曾提到的那例患者——我曾将其"难以忍受状态"与"塔布"进行比较，无论何时，她在大街上看到穿着丧服的人心中都会充满愤慨：她认为应该禁止这样的人外出。

产生了一些重要的后果。人们不仅在澳洲人和波利尼西亚人（他们通常将保存最完好的"塔布"仪规展现给我们）中发现这种习俗，而且在那些"彼此相距遥远的民族中"也能发现其踪迹，像西伯利亚的萨莫耶德人（Samoyeds）和南印度的托达人（Todas），像鞑靼地区（Tartary）的蒙古人和撒哈拉沙漠的图阿雷格人（Tuaregs），像日本的阿伊努人（Ainos）和中部非洲的阿坝巴人和南迪人（Nandi），像菲律宾的廷格人（Tinguianes）和尼科巴群岛（Nicobar Islands）、婆罗洲（Borneo）、马达加斯加（Madagascar）以及塔斯玛尼亚（Tasmania）的土著。① 在其中的一些民族中，这种禁忌及其后果仅仅限于居丧期，而在其他民族中，它们则是永久存在的；但是其严厉性似乎并未随着时光的流逝而减弱。

避免提及死者的名字这一禁忌通常都是被极其严格地遵从的。因此，在南美洲的一些土著部落里，当着死者亲属的面提及死者的名字被视为对他们的最大侮辱，对其惩罚不亚于对谋杀行为的惩处。② 人们一开始并不容易理解为什么提及死者的名字会被（这些原始部落）视为如此的恐惧，但是这其中所牵涉的危险却导致了（原始部落的）大量规避方法，这些方法无论如何都是有意义的并且是重要

---

① J.G.Frazer，1911b，p.353.

② Ibid., p.352.

的。因此，东非的马赛人（Masai）采取的办法是在人们死后立即给他们换一个名字，这样人们就可以用新名字无拘无束地提到他们，而所有的禁制依然附着在那个旧名字之上。这里似乎有着这样一个预设，即死者的鬼魂并不知道，而且也不会知道其新名字。① 在澳洲南部的阿德莱德（Adelaide）和因康特湾（Encounter Bay）的部落中，在一个人去世后，每个人都十分小心，所有与死者名字相同或十分相似的人都要改换一个新名字。② 而在有些例子中，例如在维多利亚（Victoria）和西北美洲的某些部落中，换名字这种做法更进了一步。在这些地区，一个人去世后，其所有的亲属都要变换名字，不论其名字与死者的名字在发音上有无相似之处。③ 事实上，在巴拉圭（Paraguay）的圭库鲁人（Guaycurus）中，当一个部落中有人去世时，酋长常常将部落的每一个成员的名字都换掉；而"从此时此刻起，每一个人都要牢记其新名字，就像这是他自出生后就一直使用的名字一样"④。

另外，如果死者的名字碰巧和某种动物或公共物品的

---

① J.G.Frazer, 1911b, p.357.

② Ibid., p.355.

③ Ibid., p.357.

④ J.G.Frazer（1911b, p.357），转引自一位上了年纪的西班牙观察家（P.Lozano, 1733, p.70）。

名字相同，一些部落就认为有必要给这些动物或物品取一个新名字，以免在使用这些名字时让人回忆起死者。这种习俗导致了（这些民族的）词语没完没了地变化，这就给传教士带来了非常大的困难，尤其是当这样的变化是永无止境的时候。在传教士多布里兹霍夫尔（Dobrizhoffer）待在巴拉圭的阿维波内人（Abipones）中的七年时间里，"当地词语中的美洲虎（Jaguar）一词就变换了三次，用来指称鳄鱼、荆棘以及屠宰牲畜的词虽然变换的次数少些，但也都更换过"①。事实上，对于提及死者之名的恐惧还扩展到避免提到与死者相关的一切事物之上。这种压抑过程所导致的一个重要后果就是，这些民族没有任何传统，没有任何历史记忆，这就使得任何想对这些民族的早期历史进行研究的人面临着一些极大的困难。②然而，在这些原始民族中也有许多民族对此采取了一些补救性的做法，即在一个漫长的丧期之后，那些死者的名字又被重新用来给（刚出生的）孩子命名，这些孩子因此也就被认为是这些死者的再生。③

如果我们在心中牢记这样一个事实，即野蛮人将一个

---

① J.G.Frazer（1911b, p.360），转引自 M.Dobrizhoffer, 1784, Historia de Abiponibus Vol.3, Vienna, p301。

② J.G.Frazer, 1911b, p.362.

③ J.G.Frazer, 1911b, p.364 以下诸页。

人的名字视为其人格中一个必不可少的部分并视之为他的一个重要所有物——在任何意义上，他们都视词如物——那么，这种关于（死者）名字的"塔布"似乎就不那么令人费解了。正如我在其他地方所指出的，我们的孩子也持有与此相同的观念。① 孩子们从来不会接受这样的观点，即两个词语之间的某种（表面）相似性并没有什么意义；他们所坚持认定的是，如果两个事物的名字读音相似，那便意味着它们之间肯定存在着某些深层意义上的一致性。即便是一个已文明化了的成年人，他也可能会根据他自己行为的某些独特性作出这样的推论，即他也免不了会认为（拥有）恰当的名字是具有重要意义的，而他自己的名字就是在一种十分显著的程度上与其人格密切联系在一起的。所以，精神分析的实践也不断证实了这一点，它发现在潜意识的心理活动中，名字具有重要的意义。②

正如我们所预料的，强迫性神经症患者与野蛮人在对待名字问题上，他们的行为如出一辙。和其他类型的神经症一样，在涉及说出或听到特殊的字眼和名字时，他们都表现出一种高度的"复杂敏感性"（complexive sensitiveness）；而在对待他们自己名字的态度上，他们也为自己施加了大量的常常也是严肃的禁忌。我熟悉的一

---

① J.G.Freud, 1905b, chap.4.

② 参见 W.Stekel(1911); K.Abraham(1912)。

个患者就具有这些症状,她为自己定了一个规矩,即拒绝写她自己的名字,因为她害怕她那被写出来的名字落入其他人手中,这样此人就会拥有她人格的一部分。她不得不以她那发狂似的忠诚来反对其想像中的诱惑,以此来阻止她自己"放弃其人格的任何一部分"。这种禁忌开始时还只包括她的名字,后来则扩展到她所写的东西上,直到最后她什么也不写了。

因此,我们对于野蛮人的这些做法不应再感到惊奇了:他们将死者的名字视为其人格的一个组成部分,并使之隶从于相关的"塔布"。同样,说出死者的名字也显然派生于与死者的接触。我们因此可以转向一个更为宽泛的问题,即为什么(与死者的)此类接触要遵从一种如此严格的"塔布"?

(对此问题的)最明显解释会指出,死者的尸体以及尸体上发生的快速、可见的变化(腐烂)会引起人们的恐惧感。对死者的哀悼也必定在其中起着某些相关的作用,因为在与死者相关的一切事物中,它必定是一种内在的推动力量。但是,对于尸体的恐惧显然并不能解释"塔布"仪规的所有细节性问题,而对死者的哀悼也不能解释为什么说出死者的名字就是对其亲属的一种侮辱这个问题。相反,哀悼活动正是为了追思死者,为了让死者尽可能长久地存在于人们的记忆之中。我们必须在哀悼这个因素之外寻找那些能够解释这些"塔布"习俗之独特性的缘由，而这些未知因素应该有着十分不同的目的。显然，与（死者）名字相关的"塔布"给我们寻找这种未知的努力提供了线索，而且如果说这些习俗还不能告诉我们什么，那我们就应该去了解一下那些正处于丧期中的野蛮人他们都告诉了我们什么。

因为他们并不掩饰他们害怕死者的鬼魂显现或返家的事实，而且，他们还举行了大量的仪式来拒之于千里之外或驱赶他们。① 他们觉得要是叫出了他的名字就等于是在召唤他，而他也就会很快显现。② 因此他们才会尽一切力量来避免任何此类的召唤发生。他们会对自己进行伪装从而使鬼魂不能认出他们，③ 如采取给死者或者他们自己变换一个新名字的办法来达到此目的。由于叫出死者的名字会刺激他对生者做出不利的行为，所以他们对于那些因鲁莽而犯此错误的外来者感到极其愤怒。引用冯特的话，我们在此将不可避免地得出这样的结论，即他们成了一种对

---

① J.G. 弗雷泽（1911b）提及的是撒哈拉的图阿富格人，以之作为一个由野蛮人自己来解释其行为的例子。

② 也许，这一点要以死者的某些身体上的残留物依然保存着为前提条件。J.G.Frazer, 1911b, p.372。

③ （这种习俗）存在于尼科巴群岛上的土著民族中。(J.G.Frazer, 1911b, p.358。)

于"已经变成了恶魔的死者灵魂"之恐惧的受害者。因此，我们在此处似乎发现了对冯特的观点——正如我们已证明了的那样，他认为"塔布"的本质就是一种对恶魔的惧怕——的一种证实。①

这种理论建立在一种假设之上，而这种假设是如此超越常规，以至于人们在初闻之下觉得它似乎是不可思议的。这种假设，即一位至爱亲人在其死去的那一刻就变成了一个恶魔，其未亡人从他那儿所能得到的只有敌意，而为了抵制他的邪恶欲望，人们必须用尽一切方法来保护自己。虽然如此，几乎所有的权威还是一致地将这些看法归诸原始民族之中。在我看来，爱德华·A.韦斯特马克（Edvard A.Westermack）对"塔布"的关注太少，但在其《道德观念的起源与发展》（*The Origin and Development of the Moral Ideas*）一书中"对死者的看法"这一章里，他却这样写道："一般来说，我所收集到的事实可以使我得出这样的结论，即死者更常见的是被视为敌人而非朋友；而杰文斯（Jevons）教授和格兰特·艾伦（Grant Allen）却错误地断言，根据早期信仰，死者的恶意最多仅仅是针对陌生人的，而对于他的那些未亡人则给予父亲般的照顾并将好

---

① Wilhelm Wundt, 1906, p.24.

运带给其未亡之人的那些子孙后代及其民族同胞。"①

鲁道夫·克莱恩保尔（Rudolf Kleinpaul）在一本很有趣的书中运用现代文明中残留的古代人关于灵魂的信仰来解释生者与死者之间的关系。他在最后的结论中说，死者（的灵魂中）充满着嗜血的欲望，他们总在寻找生者并将其拉入他们的行为中。死者会杀人；我们今天用骷髅作为死亡的形象就意味着这样的事实，即死者自身曾经是杀人者。只有当生死两界被冥河隔断，生者才会感到安全，才不会受到死者的攻击。这就是为何人们喜欢将死者葬在岛上或者河的对岸的原因所在，而这也是"此岸与彼岸"这样的语词的缘起。后来，死者的恶意逐渐减弱，并限于那些有特殊权利来表达其怨恨的特殊类别的死者——如被谋杀的人，他们会变成厉鬼向谋杀他们的人追魂索命；或

---

① Edvard A. Westermarck（1906—1908，2，第532页及以下诸页）。作者在其脚注和接下来的正文部分给出了大量翔实的证据，而且经常是具有高度典型性的那种。例如，"在毛利人中，人们认为至爱亲人也会因其死亡而改变了本性，并会变得邪恶，甚至是其生前所爱之人也是如此。[引自 R.Taylor（1870，p.18）]……澳洲土著认为人死后在很长一段时间里都是恶毒的，而且在他生前与其关系越近的亲人越是惧怕他。[引自 J.G.Frazer（1892，p.80）]……依据中部爱斯基摩人（Central Eskimo）中流行的观点，死者最初都是恶鬼，他们经常游荡在村庄周围，通过与生者的接触而带给他们疾病、厄运和死亡；但是后来他们就被认为获得了安息，人们也就不再惧怕他们了"。（引自 F.Boas，1888，p.591）

者那些欲望未得到满足就死去的新娘。不过，克莱恩保尔说，所有的死者最初都是吸血鬼，他们都怨恨生者并伺机伤害他们，夺走他们的生命。厉鬼的概念最初就是来自死者的尸体。

至爱亲人在其死后就会变成恶魔的传说显然引发了一些更深入的问题。是什么使得原始人将这样一种情感上的变化归诸于那些曾深爱过他们的人身上？他们为何要将这些死者变成恶魔？韦斯特马克认为这些问题可以很容易地解答。"死亡通常被人们视为所有不幸中最严重的一种，因此，据说死者对其摊上的这种命运极其不满。根据原始人的观念，一个人只有被杀害——要么是被魔力，要么是被暴力——才会死亡，这样一种死亡自然会驱使死者的灵魂充满着复仇欲并暴躁不安。出于对生者的嫉恨和渴望与其生前友好相伴的愿望，因此，不必惊奇，死者就会向这些生者传播疾病使之死亡……而无形的灵魂大体上是一种充满着恶意的存在之观念……无疑地也能和对于死者的本能恐惧紧密地联系起来，这种观念只不过是对于死亡之恐惧的一个后来产物而已。"[①]

对精神性神经紊乱症的研究给我们提供了一种更加广

---

① Edvard A. Westermarck, 1906–1908, 2, p.534.

泛的解释，这种解释同时包含了韦斯特马克的观点。

当一位妻子死了丈夫或者一位女儿失去了母亲，那活着的人就会常常受制于痛苦的疑虑（我们将它命名为"强迫性自责"）。她们会扪心自问，是不是因为自己的某些粗心或疏忽行为而对亲人之死负有责任。然而既没有足够的回忆证明自己曾给予死者大量的关怀，也没有足够的证据来说明她应受到谴责，从而终止这种折磨。可以将这种状况视为一种病态的哀悼形式，随着时间的流逝它会渐渐地消逝。精神分析对于此类病例的研究已经揭示出这种紊乱状态的隐秘动机。我们发现，这些强迫性自责在某种意义上被合理化了，而这就是他们为什么不易否定和摆脱这种状况的原因所在。这并不是说哀悼者真的像那些自责者所宣称的那样要对其亲人之死负责或者真的有什么疏忽之罪。虽然如此，在她内心仍存在着某种东西——一种对她而言的无意识期望——它并非因亲人之死而不满，而且倘若仍有力量，它可能实际上还会导致死亡的发生。因而，在亲人之死发生以后，谴责就只不过是对这种潜意识期望的一种反应而已。几乎在所有的病例中，我们都会发现这样的情形，即凡是对某一特殊之人存在着强烈的感情依恋的地方，在这种温柔之爱的背后的潜意识中都存在着一种隐匿的敌意。这是一种典型例证，是人类情感矛盾的原型（prototype）。这种矛盾性情感在每一个人的内在性情中都会或多或少地表现出来。但在正常情况之下，它并不会严重到产生出我们正在讨论的那种强迫性自责的地步。然而，如果这种矛盾性情感在人的性情中积聚太多，它就会在与其至爱之人的关系——事实上，这也正是人们最没有想到能发现这种矛盾的地方——中明显地表现出来。必须假定，这种源发性的矛盾情感大量的出现正是强迫性神经症患者之性情的一大特征，我在对"塔布"的讨论中就经常拿他们来作比较。

现在，我们已经发现了一种动机可以用来解释下述观念，即那些刚刚去世之人的灵魂会转化为恶魔；而其未亡人都觉得有必要借助于"塔布"来保护自己，防止其敌视性行为。且让我们假定，原始民族的情感生活就是以充斥着大量的矛盾性情感为特征的，这些矛盾性情感数量之多，如同我们借助精神分析学而发现的被归诸强迫症患者身上的一样。这样，我们再理解野蛮人的下述行为就容易多了：在经历了丧亲之痛后，他们不得不产生出一种反应来反对隐藏于他们潜意识中的、类似于神经症患者身上所表现出来的强迫性自责的那种敌意。但是，针对这种在潜意识中对死者之死表示满意却又（在意识中）被痛苦地感受到的敌意，不同原始民族对其处理的方式则有很大差异。人们为了防备这种敌意而采取的一种形式就是将它移植到敌视的对象上去，即将这种敌意转嫁到死者身上去。这种防御过程在正常的和病态的精神生活中都很常见，此防御过程即"投射"（projection）。生者因此而否认自己对所爱之死者曾经有过任何的敌对情感，反而是死者的灵魂对生者心怀恶意并在整个丧期中都伺机恶意报复。尽管借助于"投射"这种方式，生者能够成功地进行防御，但他的情感反应却还是显露出惩罚和懊悔的特征，因为他自己就是惧怕的对象而必须遵从克己和约束的禁制，尽管这些禁制部分是以防卫那充满敌意的恶魔的手段而曲意表现出来的。因此，我们再次发现，"塔布"是在一种矛盾情感态度的基础上发展起来的。和其他类型的"塔布"一样，与死者相关的"塔布"是从对于亲人死亡的有意识的伤痛和潜意识中的满足的对照中产生出来的。既然（死者）鬼魂的怨恨源于此，那就可以很自然地得出这样的结论，即在死者的未亡之人中对他最惧怕之人也正是死者生前最亲近、最亲爱之人。

在这个方面，"塔布"仪规和神经症症状一样，也具有双重意义。一方面，就其限制性特征而言，他们是通过（对死者的）哀悼这种方式表现出来的；另一方面，他们明显地暴露出来的——也是他们尽力掩藏的东西——对死者的敌意，则被伪装成自我防护的形式。我们已经了解了某些"塔布"是产生于对诱惑的恐惧。死者的无助性这一事实必定会激发生者放松对自己的敌视情感之控制，因而就必须由一种禁忌来制约这种诱惑。

韦斯特马克正确地坚持了一种观点，即野蛮人在暴力致死和自然死亡之间并未作出区分。在潜意识思维（unconscious thinking）中，一个自然死亡的人也就是被谋杀之人：是邪恶的期望杀死了他。[①] 任何对关于亲人（父母或兄弟姐妹）死亡之梦的缘由及意义进行过研究的人都会确信这一点，即做梦者、儿童及野蛮人在对待死人的态度上是一致的，这种态度就建立在矛盾情感的基础上。

我们在本书的开头就对冯特的一种观点，即禁忌的本质在于它是一种对恶魔的恐惧表示过异议。然而，我们现在却要赞同这样一种解释，即与死者相关的禁忌源自一种对于死者的灵魂转化为恶魔的恐惧。这种表面上的矛盾是很容易解决的。我们所接受的是恶魔会（在人们心中）显现的观点，但并不认为这种恶魔是某种终极的、不能进行心理学分析的东西。可以说，我们已经成功地触及这种恶魔背后的东西，因为我们已经把它解释为生者心中隐藏的对于死者的敌对情感的投射。

我们有充足的理由相信，对死者的爱与恨这两组情感在居丧期间会分别以哀悼和满足两种方式发生作用。在这两组相互对立的情感之间必定会发生冲突，而且因为其中

---

① 参见本书的下一章。

的敌视情感全部或者绝大部分处于潜意识之中，所以这种冲突的结果是不可能消除的。可以这样说，强度较弱的情感不可能被从强度较强的情感中剔除出去并将保留下来的情感安置在意识之中——诸如一个人原谅他所爱的人对他所造成的轻微伤害一样事后了无痕迹。正如我所提及的，这个过程是由一种在精神分析学中众所周知的、特殊的、名为"投射"的心理机制来处理的。生者一无所知而且宁可一无所知的（对死者的）敌视情感被从内部感知投射到外部世界，并因此脱离开他们而被推到其他人身上。

（现在）他们不再会因为死者的离去而高兴，相反，他们对逝者表示深切哀悼。但是，说来奇怪，死者倒变成了一个恶魔，幸灾乐祸地俯视着他们的不幸并渴望杀死他们。生者因此就需要保护自己免受这邪恶敌人的伤害；他们倒是从内在的压力中解脱出来了，却不知这仅仅是在无形中把它转化成了外在的压迫而已。

这种将死者转化为邪恶之敌的投射过程可以毫无疑问地从死者生前做过的任何真实的敌视行为中获得支持，这些行为可能被人们回忆起来并感受为一种反对他的怨恨：他的残暴、权欲、不公，或者其他任何可以形成即使是最温柔的人类关系之背景的行为。但是，事情并非如此简单。这种因素单独并不能解释人们通过投射来创造恶魔这种现象。死者生前的过错无疑可以为生者对其产生敌意这一问题提供部分的解释，但是除非生者因其自身的原因先就产生了对他的敌意，否则这种解释是没有什么作用的。况且，在尸骨未寒之际就发出一些可能是有充分理由的对于死者的抱怨显然是极不合适的行为。这种情况可能存在，但我们不能避开这样的事实，即真正的决定性因素一直是潜意识中的敌意。一种有敌意的情感倾向，例如就像人们对其至近至亲之人的敌意，可能终其一生都保持在潜在状态之中，也就是说，这种敌对情感的存在性既不会直接也不会通过某些替代物进入意识之中（即为意识所知）。但是当亲人去世，这种情感隐匿也就变得不再可能，冲突也就变得尖锐起来。源自对死者之爱的情感之强化的哀悼活动，一方面对于那潜藏的敌意变得更加难以容忍，另一方面又不允许它（从亲人之死中）产生出任何意义上的满足感。因此，随后就出现了运用投射的方法来压制潜意识中的敌意以及构建礼仪来表达对于恶魔的惩罚的恐惧。伴随着丧期的结束，这种冲突也就变得不那么尖锐了，以至于与死者相关的"塔布"可以减弱其严厉性或者隐而不见了。

## 四

在对极具启发性的与死者相关的"塔布"之基础作了如此一番解释后，我们需要补充一些新的评论，它们可能会有助于提高我们对"塔布"的总体理解。

在与死者相关的"塔布"中，将潜意识中的敌意投射到恶魔之上只不过是在原始心理形成过程中最具有影响力的一个例子而已。在我们已经讨论过的情形中，投射的目的是为了调解情感上的冲突。而且，它也同样地被应用于大量的导致神经症的心理状态中。但是，投射被创设出来并非仅仅用于心理防卫之目的，在没有冲突的场合它也依然会发生。内在知觉向外部世界的投射是一种原始的心理机制。例如，我们的感性知觉是主观的，因此正常情况下，它在决定我们对外部世界所采取的形式方面起着一种非常大的作用。在其性质还没有明确的情况下，情感和理智过程的内在知觉也可以像感性知觉一样向外投射，它们就是这样被用来建构外部世界的，虽然按理说它们应该保持为内在世界的一部分。这可能与这种事实有着某些内在的关联性，即注意（力）的功能最初不仅仅指向内部世界而且还指向从外部世界流入的刺激物，而此功能关于"内在心理过程"（endopsychic processes）的惟一信息就来自于愉快及不愉快的情感。只有当抽象思维的语言得以发展，也就是说，只有当言语描述的感性残余与内在的（心理）过程联结起来，这种内化心理过程才能够逐渐变得为人所知。在此之前，由于内在知觉向外部世界的投射，原始人已形成了一种关于外部世界的图景；而我们现在则要利用我们那已被强化的意识知觉（intensified conscious perception），将其转译回心理学的语言中去。

将自身的罪恶冲动投射到恶魔身上只不过是构成原始民族"宇宙观"（weltanschauung）之体系的一部分而已，在本书下一章里，我们将会认识到其"泛灵论"（animism）的特征。在那里，我们将研究这种体系的心理学特征；而且，我们还会像以前那样再次参照神经症患者所构造的与之类似的体系。而目前我只想说的是，所有此类体系的原型就是我们曾经为之命名的对梦之内容的"次级修正"（secondaiy revision）。而且，我们千万不可忘记的是，在这些体系的建构阶段以及建构完毕之后的阶段中，对于每一个心理事件的有意识判断都涉及两组原因：其中一组是属于体系本身的，而另一组原因虽然是真实存在的，但却是潜意识的。①

威廉·冯特评论道："被世界各地的神话归诸于恶魔的行为中，有害行为占据主导地位，以至于人们大多相信邪恶的魔鬼要明显地早于善良的魔鬼的出现，关于魔鬼的全部概念很有可能都是源自至关重要的生者与死者之间的关

---

① 原始人所创造的投射与富有创造性的作家的人格化塑造很相似，因为后者正是以独立个体的形式将其内心里相互对立的本能冲动进行了外化。

系。"① 这种关系中所固有的矛盾情感在人类后来的发展过程中以下列事实表现了出来，即它从同一根源处产生出两种完全相反的心理结构：一方面是对恶魔及鬼魂的恐惧；另一方面则是对祖先的崇拜。② 恶魔总是被视为近期死去之人的灵魂这一事实再好不过地说明了（对死者的）哀悼行为对于恶魔信仰之起源的影响。哀悼活动要完成一件十分特殊的心理任务：将生者的记忆与希望同死者分离开来。当这个目的实现的时候，人们的痛苦就会减轻，同时那些懊悔、自责以及随之而来的对于恶魔的恐惧也会随之减弱。而且，那些开始被当作恶魔惧怕的精灵，现在也可以期望得到人们比较友好的对待，他们被尊为祖先，人们也开始祈求他们的护佑。

如果对生者与死者之关系的变化过程诸阶段有一个完整的了解，我们就会发现一个趋势变得明显起来，即这种关系中的矛盾性情感随着时间的推移而大幅度地减少。现

---

① Wilhelm Wundt, 1906, p.129.

② 在对那些患有（或者是在其童年时患有）恐鬼症的神经症患者进行精神分析的过程中，经常能够毫无困难地显示出那些鬼魂都是假扮患者父母的形象出现的。参见由 P. 黑伯林（Haeberlin, 1912）所写的一篇与此相关的论文"Sexual Ghosts"。这篇文章中涉及的人不是作为主体的父母（已去世），而是其他一些对他而言具有色情意义的人。

在，无须特别地耗费心理能量（psychical energy）就可以很容易地压制住潜意识中对死者的敌意（尽管其存在依然有迹可循）。早期为满足之仇恨与痛苦之爱情相互斗争的地方，现在形成了以虔敬为外在形式的一种伤痕，这种虔敬宣称"对故去者只可言善"（De mortuis nil nisi bonum）。只有神经症患者在对失去其所爱之人而对其进行哀悼时才依然会受到强迫性自责的困扰，精神分析学则早已揭示出这种强迫性自责的秘密就存在于那种古老的矛盾性情感之中。我们不需要在此讨论这种改变是如何发生的，以及这种变化多大程度上得益于体质上的改进，又多大程度上得益于家庭关系上的改善等此类问题。但是这个例子也向我们提示了这样一种可能性，即原始民族的心理冲动中的矛盾性情感特征要比在现代文明人身上所发现的浓厚得多。据推测，当这种矛盾性情感渐渐减弱时，"塔布"——作为这种矛盾性情感的一种症状表现以及两种冲突性冲动相互妥协的一种结果——也就慢慢地消失了。神经症患者——他们不得不在自身里重演这种冲突以及作为这种冲突之结果的"塔布"现象——可能会被认为继承了一种被称为返祖性退化（atavistic vestige）的古老体质（archaic constitution）。而为了遵循现代文明的要求，他们需要付出的代价就是驱使自己无尽地消耗其自身的心理能量。

在此我们可能会回想起冯特关于"塔布"一词的双重含义所作的既含混又令人困惑的陈述:"神圣的"和"不洁的"。① 根据冯特的观点,"塔布"这个词最初并不具有这两个含义,而是被描述为"恶魔似的东西","不能触摸的东西",这样的表述强调了上述两个极端对立的概念所共同具有的一个重要特征。然而他又补充说,这种共同特征的持久存在证明了神圣和不洁这两者最初是共属一域,只是后来才发生了分化而已。

相反,我们的讨论却得出这样一个简单的结论,即"塔布"一词最初就具有双重含义,并被用来指称一种特殊类型的矛盾性情感及其产物。"塔布"本身就是一个矛盾性概念;人们感到,回顾一下这个词的已被证明了的含义就能够独自使人们得出这样的推论——它实际上是从广泛的研究中得出来的结论——禁忌被理解为一种矛盾性情感的产物。对最古老语言的研究使我们知晓,曾经有过许多此类词语,它们表达的是相互对立的含义,而且,从某种意义上说(尽管不是在与"塔布"这个词十分相同的意义上说的)就是具有矛盾情感色彩的。② 意义相互对立的"原始词语"在发音上的稍稍改变就有可能使得最初是结合在

---

① Wilhelm Wundt, 1906, p.36.

② 参见我对阿贝尔(Abel)"Antithetical Sense of Primal Words"一文的评论。(Freud,1910)

一起的意义分离为两种具有相互对立意义的言语表达。

"塔布"这个词则遭遇到一种完全不同的命运。由于它所表达的矛盾情感的重要性越来越被弱化，这个词自身，或者毋宁说与之类似的那些词最终都会被人弃用。我希望在后面的讨论中能够使得隐匿在这个概念背后的一种清晰的历史时间链条被揭示出来，即这个词最初是附着在某些非常具体的人类关系上的，而这些人类关系是以高度的矛盾性情感为其特征的，后来这个词的使用才扩展到其他类似的人类关系上。

如果我的看法无误，关于"塔布"的解释也能有助于人们认识良心（conscience）的本质和起源。不必对这些术语的含义作任何的延伸，我们就可以谈及"塔布良心"（Taboo Conscience），或者说是塔布被触犯后产生的一种塔布意义上的罪感（a Taboo sense of guilt）。"塔布良心"也许是人们所见到的良心现象的最古老形式。

那么，什么是"良心"呢？从语言的根据上看，它与人们"最确定地意识到"的事物有关。事实上，有些语言中用于表达"良心"和"自觉"（conscious）这些概念的词语几乎不能被区分开来。

良心是一种内在知觉，它将对运行于我们内部的一种独特愿望予以回绝。然而需要强调的是，这种拒绝并不需要诉诸其他任何事物的支持，它"完全是自我确证"（certain of itself）的。这一点在内疚意识（consciousness of guilt）中体现得更加清楚，这种内疚意识是指我们对于那为了实现一种特殊的欲望而作出某种行为后产生的内部谴责的知觉。对此提出的任何理由都似乎是多余的：因为任何有良心的人在内心里都必然会觉得这种谴责是合理的，都必然会觉得应对那已经实施的行为进行自责。在野蛮人对待"塔布"的态度中，我们也能发现与此相同的特征。那是一种由良心发出的命令；对它的任何违背都会产生出一种可怕的罪感，其产生是必然的，但其起源却是未知的。①

因此，良心似乎也可能是在矛盾情感的基础上产生于某些十分特殊的人类关系之中的，矛盾情感就附着在这类关系之上。而且，它是在下述条件中产生的——我们曾经将这些条件应用于对"塔布"和强迫性神经症的研究中——在相关联的对立情感中，有一方是潜意识的并处于另外那具有强迫性、占据支配地位的一方的压抑之下。这个结论可以从我们对神经症的精神分析所获得的一些结论

---

① 即使对"塔布"的违背是无意的，"塔布"中的罪感也丝毫不会弱化。（参见前文的例子）我们可以在希腊神话中发现一个有趣的对照：俄狄浦斯之罪并不会因为他对自己所犯的罪行一无所知，甚至是与其本意相反而有所减轻。

中寻得支持。

首先，我们在强迫性神经症的特征中发现有一种过分谨慎的特征，这种特征是神经症患者为了抵御其潜意识中潜藏着的诱惑而产生的反应性症状。如果病状加剧，他们就会发展出一种极为强烈的罪感。事实上，人们可以大胆地说，如果我们不能在强迫性神经症中查找到罪感的起源，那我们就永远没有希望找到它。这个目的在个体神经症患者的病例中就可以直接实现，而且我们可以参照原始民族的例证而获得类似的答案。

其次，我们对于下列事实禁不住感到惊讶，即罪感在很大程度上具有焦虑的性质：我们可以毫不迟疑地将它描述为"良心畏惧"（dread of conscience）。而焦虑指向的却是潜意识根源。神经症心理学告诉我们：如果某些冲动的愿望受到压抑，其力比多就会转化为焦虑。这提醒我们与罪感相关的还有某些未知的以及潜意识的因素存在；这些因素也就是拒否（repudiation）行为的原因。在罪感中，其所固有的焦虑特征与这种未知因素相类似。

因为"塔布"主要是通过禁止表现出来的，所以，对我们来说，那潜藏着的、明确的欲望倾向就是十分明显的东西了；也不需要将它置于与神经症相类似这个基础上对其进行详细论证。因为，没有必要去禁止某些无人去做的事情，而那被强烈禁止之事一定是人们所欲之事。如果我们将这种看似合理的命题运用到对原始民族的研究上，就可以得到这样的结论：他们最强烈的一些欲望就是杀死其君王和祭司、乱伦、虐待死者，如此等等。这些似乎都是一些几乎不可能实现的欲望。如果我们将这相同的命题运用到那些我们似乎最熟悉的关涉良心的例子上，我们就会看到最实实在在的矛盾。我们将会无比绝对地认为，我们感觉不到有一丝的诱惑去违背这些禁忌中的任何一种——例如，"不可杀人"的律令——而且，对违背这些禁忌的念头我们所能感受到的只有恐惧。

然而，如果我们真的承认我们的良心所如此肯定地宣称的一切，那么从中必然可引申出：一方面，包括图腾和我们自己的道德禁忌在内的那些禁忌是多余的；另一方面，良心这种事实仍未得到解释，而且良心、塔布和神经症之间的关系也不复存在。换言之，我们又将返回到我们原有的从神经分析的角度探讨这个问题之前的那种知识状态中去。

另一方面，假如我们能够将精神分析对常人之梦的研究所取得的发现考虑进来，那么人们就会看到，我们自己受制于它的影响要比我们自己所认为的更强烈也更频繁，例如杀人的诱惑，它虽然保持在人们看不到的潜意识之中，但还是对我们产生了某些心理上的影响。再假如我们能够认识到某些神经症患者的那些强迫性戒律是被用来防御其内心中强烈的杀人冲动或用于对此冲动的自我惩罚的。那么，我们就更应该赋予我们的如下命题更大的重要性，此命题即是凡存在着禁忌的地方，就必然有潜藏的欲望。我们还不得不假定，杀人的欲望事实上就存在于无意识之中，无论是"塔布"还是道德禁忌，在心理学上都不是多余的，相反，人们对待杀人冲动之矛盾态度的存在就说明并证明了它们存在的必要性。

我反复强调的这种矛盾情感关系的一个基本特征——欲望的明确倾向是处于潜意识中的这一事实——开辟了深入考查和深入解释的通道。潜意识中的心理过程并非在每一个方面都与我们有意识的心理所熟悉的那些方面相一致，他们享受着一些在意识领域里被禁止的值得关注的自由。一种潜意识冲动出现的地方并不一定就是导致它出现的地方，它可能源自某些地方，却被应用到另外一些最初毫不相干的人或关系之上。它可能是通过"移置作用"（displacement）机制而到达此地以期引起我们的注意的。另外，由于潜意识心理过程具有不可消解性和对修正的不易感受性特征，所以它可能从很早的时候就存在着——这时它的存在还是合适的；到了后来，随着时间和环境的变化，它的出现就必定显得有些奇怪了。所有这些只不过是一些暗示而已，但是如若它们得到细致的照顾而发展，那么它们对于我们理解文明发展的重要性就会凸显出来。

在对此讨论进行总结之前，有一个将为我们后面的探讨作铺垫的内容不容忽略。在坚持"塔布禁忌"和道德禁止之间的本质相似性时，我并没有试图否认两者之间必定存在着一种心理差异这个事实。为什么禁止不再以"塔布"的形式表现出来，（对此问题）惟一可能的理由就是制约那潜藏于它们之下的矛盾情感的外部环境发生了某些变化。

　　在我们对"塔布"问题进行分析性考查的过程中，我们至今都是让我们的研究接受下述观点的引领的，即我们能够说明"塔布"与强迫性神经症之间的一致之处。但是"塔布"终究不是一种神经症而是一种社会制度。我们因此面临着这样一个任务，即解释在神经症和像"塔布"这样的文化产物之间在原则上有哪些差别。

　　我将再次以一种单一的事实作为我研究的出发点。在原始民族中，人们惧怕因违背"塔布"而带来的惩罚，通常是一些严重的疾病或者死亡。惩罚的危险将会降临到触犯者的身上。而在强迫性神经症病例中，这一点是不同的。如果一位患者做了某些违禁之事，他所惧怕的不是惩罚会落到他的头上而是祸及其他人。这位"倒霉者"的身份通常是不确定的，但是通过（精神）分析通常不难发现他就是患者至亲至爱之人。因此，在这儿（可以看出），神经症患者的行为似乎是他人取向的，而原始人的行为则似乎是自我取向的。只有当违背"塔布"的肇事者没有自动地遭到报复时,野蛮人中才会产生出一种集体情感,即认为他们全体都要因这种违禁行为而遭受危险;他们此时才会去匆忙地执行那被漏掉的惩罚。解释这种(社会)团结机制并不难。问题就在于他们对那具有传染性的个案的恐惧,对于模仿之诱惑的恐惧,也即是说对"塔布"的传染性特征的恐惧。如果一个人成功地满足了他那被压抑的欲望,那么在共同体的其他所有成员中,这相同的欲望也必定会被激发起来。为了压制住那些(被禁)诱惑,那遭人嫉妒的逾规者就必须被剥夺他们从这种违禁行为中所受益的一切。而且,借着施行赎罪行为的掩饰,执行惩罚之人也会利用此机会去违反同样的禁忌,这种情况并非少见。事实上,这正是人类刑罚制度产生的基础之一;而且确切无疑的是,这种刑罚制度就是建立在这样一个假设之上的,即被禁冲动在犯罪者和复仇者共同体中是以同样的方式体现出来的。正是在这里,精神分析只不过是证实了那些虔敬者一句习惯性的口头禅:我们都是可怜的罪人。

然而,我们应如何解释神经症患者那出乎意料的高贵灵魂呢?——他们的担心并非为自己,而是忧及他所爱之人的一切。分析研究表明,这种态度并不是原初性的。最初,也就是说刚患病的时候,惩罚的恐惧是指向患者自身的,和野蛮人的情形一样;他们总是为自己的生命担忧,只是到了后来这种致命的恐惧才被移置到另一个他们所爱之人的身上。这个过程有一点复杂，但是我们可以完全地将它搞清楚。在禁忌的根源处，始终存在着一种针对患者所爱之人的敌意性冲动，即希望他们死去。这种冲动被禁忌所压制，而禁忌则附着在某种特殊的行为上，通过移置作用，它就可能表现为一种针对其所爱之人的敌对行为。如果这种行为表现出来，就会存在着一种对死亡的恐惧。但是，这个过程若进一步发展下去的话，那么最初希望他们所爱之人死去的愿望就会被一种对其会死去的恐惧所代替。所以，在神经症患者显示出如此温柔的利他性时，那只不过是对隐藏着的、与之相对立的冷酷无情的利己主义的一种补偿作用而已。我们，可以将那些对他人表示关心而没有将其视为[直接的]性欲对象的情感描述为"社会性"情感。退隐到这些社会因素的背景中去也许可以强调为神经症的一个基本特征，尽管此特征后来被过度的补偿作用掩饰起来了。

我不打算在这些社会冲动以及它们和其他人类的基本本能之间是何关系这类问题上停滞不前，而拟通过另外一个例子来推进对神经症的第二个主要特征的阐释工作。从其呈现出的形式上看，"塔布"非常类似于神经症患者对触摸的恐惧，即其"触摸恐惧症"。而现在，在神经症的病例中，禁忌却总是和性方面的触摸相关，而且精神分析表明，神经症中那已被移置和替换的本能力量一般说来确实源自性。在"塔布"的情形中，被禁的触摸行为显然不能仅仅从性的意义上来理解，而应从更加一般意义上的攻击、控制和自持方面加以理解。如果存在着一种禁止触摸酋长以及与之相关的一切事物的禁忌，那就意味着在此种（触摸）冲动上设置有一种抑制性因素。这种抑制性因素会在其他场合里以对这位酋长实行怀疑性监视，甚或是在其加冕之前对他进行肉体上虐待的方式表现出来。① 因此，神经症的特征就存在于性的因素压倒社会本能的因素这样的事实之中。不过，社会本能本身又是源自一种由利己的和性欲的成分所组成的特殊种类的混合体。

对"塔布"和强迫性神经症之间的这种简单对比就能够使人们充分理解不同形式的神经症和文化制度之间关系的本质所在，并明了神经症心理学的研究对于我们理解文明的进程具有何等重要的意义。

神经症一方面展示出与那些重要的社会制度、艺术、宗教及哲学之间显著而深远的一致性，另一方面，这些神经症又似乎是对上述诸形式的歪曲表现。可以这样认为，歇斯底里症是对艺术创作的滑稽模仿，强迫性神经症是对宗教的滑稽模仿，而妄想狂症则是对哲学体系的滑稽模仿。

---

① Wilhelm Wundt, 1906, p.65.

上述差异最终演变为这种事实,即神经症具有社会结构,它们想通过个人的方式来力图达到那些要靠集体努力才能在社会中实现的成就。如果我们分析一下在神经症中发挥作用的本能,就会发现其中的决定性作用正是由源于性的本能力量所致;另一方面,与之相对应的文化构成结构则是建立在那些源于由利己及性欲因素所构成的联合体的基础上的社会本能。对自我保存的需要可以将人们联合起来,而性的需要则做不到这一点。性满足本质上是每一个个体的私事。

神经症的非社会性本质的遗传性根源可以在其最基本的目的中找到,这种目的就是逃离一个让人不满的现实世界而进入一个比较快乐的幻想世界。神经症患者就是以这种方式逃避现实世界,而这个世界正处于人类社会和由社会集体创造出的制度的控制之下。离弃现实同时也就意味着离弃人类共同体。

第三章

# 泛灵论、巫术与思想全能

一

那些试图应用精神分析学的成果来研究心理科学主题的作品有着难以避免的缺陷：在这两个领域里，它们所能提供给读者的东西实在太少了。这样的研究就其性质而言仅仅能起到一种鼓动作用而已，即他们向专家提出某些建议以便他们在进行自己的研究工作时能对其有所考虑。在一篇试图讨论被称作"泛灵论"的这一具有广泛领域之主题的文章中，上述缺陷极其明显地体现了出来。①

泛灵论，狭义而言，是关于灵魂的学说，而就其广义而言，则是关于精灵（spiritual beings）的一般学说。"万物有灵论"（animatism）这个术语也被用来指称那种赋予在我们看来似乎是没有生命的物体以生命特征的理论；"兽性论"（animalism）和"祖先崇拜"（manism）这两个术

---

① 若想对材料进行简要处理，就需要省略任何详细的参考书目。作为替代，我将仅仅涉及赫伯特·斯宾塞（Herbert Spencer）、J.G.弗雷泽、安德雷·兰、泰勒和威廉·冯特的著作，我关于泛灵论和巫术所作的陈述都来自他们的作品。我自己的贡献仅见于我对其中的材料和看法进行摘录而已。

语也与此相关。"泛灵论"一词最初是用来描述一种独特的哲学体系,似乎是泰勒给予了它现在的意义。①

导致我们引进这些术语的原因是,我们对原始民族关于自然和宇宙所采取的极其引人瞩目的观点——不论是在过去还是在现在——已经有所认识。这些民族认为世界充满了无数的精灵,它们中有善有恶,他们认为这些精灵和魔鬼就是自然现象的原因,并且相信不仅仅是动物和植物,也包括世界上所有无生命的物体都可被它们激活。对这种原始的"自然哲学"的第三个,也许是最重要的一个信条,我们也许并不陌生。因为,我们并不怎么相信精灵的存在,也不太相信用非人的物质力量的作用来解释自然现象,但是他们的第三个信条距离我们(的观点)并不遥远——原始民族相信人类个体身上都栖居着类似的精灵。这些居住在人们身体内的灵魂可以离开其居所并迁移到其他人的身体内,在某种程度上,它们是独立于其居住之肉体的精神活动的载体。灵魂最初被描绘为非常类似于人形的东西,只是在漫长的发展过程中,它们才失去了其物质特征而变成了一种高度"精神化"的东西。②

大多数的权威都倾向于这种观点,即这些关于灵魂的

---

① 参见 E.B.Tylor( 1891, 1, p.425 ); Wilhelm Wundt, 1906, p.142, 173; Marett, 1900, p.171。

② Wilhelm Wundt, 1906, "Die Seelenvorstellungen"。

观念构成了泛灵论体系的最初核心，精灵只不过是已经实现了独立化的灵魂而已，而且动物、植物以及非生命物体的灵魂是比照着人的灵魂而建构起来的。

原始人是如何得出那些作为泛灵论基础的独特二元论观念的？据推测，他们是通过下列方式来做到这一点的，即观察睡眠（包括梦）以及与睡眠非常相似的死亡现象，并试图解释这些与每个人都密切相关的状态。作为这种理论化主要出发点的必定是死亡问题。生命的无限延续，即不朽被原始人视为是很自然的事情。死亡的观念只是后来才被人们勉强地接受。即使对我们来说，死亡依然是个既缺乏内容又含义模糊的概念。在泛灵论基本信条的形成过程中，还有一些也曾经起过作用并被人们观察到或经历过的事实，如梦境、影子、镜像等；学者们对它们也进行过热烈的讨论，但却没有得出什么有意义的结论。①

人们曾经以为上述推测是极其自然的而且丝毫不会引起困惑，即原始人应该早就对引起他们思考的现象作出了反应，从而形成其灵魂观念并将此观念推广到外部世界的无生命物体上去。在讨论许多不同民族在不同时期产生相同的泛灵论观念这个问题时，冯特声称："它们是神话意识

---

① 参见 Wilhelm Wundt, 1906, chap.4; Herbert Spencer (1893) 以及《大不列颠百科全书》（1910—1911）关于"泛灵论""神话学"等条目。

必然的心理产物……在这个意义上，原始的泛灵论因此必然被视为人类自然状态的精神表达方式，这就是我们的观察所能达到的结果。"① 休谟（Hume）在其《宗教的自然史》（Natural History of Religion）[第三部分] 也谈到人们赋予非生命物体以生命的理由："人类中存在着一种将所有存在物都设想为是和他们自身一样的普遍倾向，并把他们所熟悉的、直接意识到的性质转移到每一个对象身上。"②

泛灵论是一种思想体系。它不仅仅给出了对独特现象的解释，而且使我们能够从某种单一视角将整个宇宙视为一个单一整体来把握。如果我们赞同权威们的观点，那么在人类发展的不同时代里，曾经产生了三种这样的思想体系，亦即三种关于宇宙的伟大描绘：泛灵论的（或者神话学的）、宗教的以及科学的体系。其中，泛灵论是被最先创造出来的；它也可能是最具一致性和详尽性的，并确实对宇宙的本质给出了一种彻底的解释。这种人类最初的宇宙观是一种心理学理论。至于说这种宇宙观还有多少依然保留在现代生活中，不论是以迷信这种被贬的形式存在还是作为我们的言语、信仰及哲学之现存基础，此类问题均已超出了我们目前的讨论范围。

---

① Wilhelm Wundt, 1906, p.154.

② 引自 E.B.Tylor, 1891, 1, p.477。

关于人类精神发展的这三个阶段,也许可以这样说,泛灵论自身虽然还不是一种宗教但却包含了宗教后来得以构建起来的基础。同样明显的是,神话的产生就是以泛灵论为其前提的,尽管神话与泛灵论之关系在某些细微的本质方面似乎是难以解释的。

## 二

不过,精神分析对此问题的研究却是从另一方面展开的。它并不作这样的假定,即人类是受到纯粹思辨的好奇心的激发才创造了他们关于宇宙的第一个(解释性)体系。对其周围世界进行控制的实践性需要也必定发挥了某些作用。所以,对于下列情形我们并不感到惊奇,即与泛灵论体系同时出现的还有大量的关于如何获得对人、兽、物,或者更恰当地说,是对其灵魂进行控制的指南。这些指南是借助"魔法"和"巫术"之名而实施的。S.雷纳克(S. Reinach)将它们描述为"泛灵论的策略"(strategy of animism);[①] 我则更倾向于贝尔(Hubert)和莫斯(Mauss)的观点,把它们视为泛灵论的技术。

魔法和巫术的概念能否区分开来?如果我们不顾及语

---

① S. Reinach, 1905–1912, 2, xv.

言惯用法的多变性这一事实而非要表现出某些武断的态度，这种区分也许是可能的。这样，魔法本质上就是对精灵施加影响的技艺，它是以和人们在相似环境中对待人的相同方式来对待精灵的，即安抚它们，向它们赔罪，讨好它们，威胁它们，剥夺其力量，压服它们遵从其意志——所有这些被证明对生者有效的方法。另一方面，巫术则与魔法不同：从根本上讲，它并不在意精灵（存在与否），它使用的是某些特殊的步骤而非日常的心理（学）方法。人们很容易就能猜测到：巫术是泛灵论技术中更早也更重要的分支，因为，在这些众多的技术中，巫术方法是能够用来对付精灵的；① 而且，它还可以应用于对我们来说似乎也一样灵化的自然（spiritualizing nature）还没有开始出现的那个阶段中。

巫术被用于极不相同的目的上——它必须使自然现象屈从于人的意志，它必须保护社会个体免受其敌人及危险的伤害，它必须赋予人们力量去伤害其敌人。然而，作为巫术行为之基础的假设性原则——或者，更恰当的说法是巫术原则——是如此引人注目以至于我们所提及的所有权威都没有忽略对它的认识。如果撇开伴随着的道德判断不

---

① 若是以发出噪音及大喊大叫的方式来吓跑精灵，这种行为就纯属魔法，而若是以掌控其名字的方式来对其施压，这种做法就属于巫术行为。

提，泰勒对此问题的看法是①，就其最简洁的形式来说，可以将其视为是错误地把观念上的联系当成了真实的联系。下面我将举出两组巫术行为来说明巫术的这个特征。

一种广为流传的伤害敌人的巫术方法就是用任何合适的材料做一个敌人的模拟像。至于说这个模拟像是否与被模拟的对象相似倒是无关紧要的：任何东西都可以拿来做成其模拟像。此后，对模拟像的任何损坏也会对那被诅咒的对象造成同样的伤害，对模拟像的任何部分的损坏，被诅咒对象的相应部分就会遭致伤痛。同样的巫术技术不仅可以用于个人对其敌人的报复，也适用于某些虔敬的目的，并能帮助神战胜恶魔。在此不妨引用一段 J.G. 弗雷泽的描述："每天傍晚，当太阳神拉（Ra）在西方晚霞的余晖中返回其居所时，都会受到由其最大的敌人阿培皮（Apepi）率领的群魔的攻击。他与他们进行彻夜战斗，有时候，黑暗的力量在白天甚至还能将乌云吹送到埃及蔚蓝的天空以遮蔽太阳神的光芒，削弱其力量。为了帮助太阳神在这每日的战斗中获胜，人们就每日在底比斯（Thebes）的太阳神庙举行一种仪式。在这种仪式中，太阳神之敌阿培皮被人们用蜡做成一条面目狰狞的鳄鱼，或者是一条盘曲的毒

---

① E.B.Tylor, 1891, 1, p.116.

蛇，然后用绿墨水将恶魔的名字写在它们身上。这些蜡像再被一种纸莎草纸盒包裹起来，纸盒上面也有用绿墨水画的阿培皮的类似画像；最后用黑头发把它们捆扎起来。在做完这些准备工作之后，人们便向这些塑像吐唾沫，用石刀砍它们，将它们摔在地上。祭司则用其左脚不断地践踏它们，最后将它们扔到某些植物或草堆里付之一炬。在阿培皮被如此有效地处置时，他手下的那些得力干将，以及他们的父亲、母亲及孩子也都要被以同样的方式焚毁。人们在举行这种仪式时，还伴随有不断地念叨着的某些特定咒语。不论早晨、中午还是晚上，这种仪式都要重复进行；而且每当风暴肆虐，大雨倾盆或者乌云偷偷压顶欲盖住太阳的光芒时，这些仪式也要举行。掌控黑暗、乌云及雨水的恶魔都会受到人们施加在它们蜡像之上的伤害，仿佛这些伤害就施加在它们身上一样。这样，它们至多能坚持一会儿就会逃之夭夭，慈善的太阳神就会再次发出胜利的光芒。"①

在大量具有相似基础的巫术行为中，我只想对其中的两种给予更多的关注。它们在原始民族的每一个发展阶段中都曾经起过很大的作用，并且在某种程度上也存在于

---

① 《圣经》中反对将任何活物作为偶像的禁忌，可能并非源自对造型艺术的反对，而是出于破除巫术以此作为它的一种利用工具的意图（因为希伯来宗教痛恨巫术）。参见 J.G.Frazer, 1911a, 1, p.87。

文明的较高级阶段的神话和崇拜形式之中。这两种巫术行为即求雨和祈丰仪式。巫术中求雨的仪式是通过模仿雨或能导致降雨的乌云和风暴来进行的，你几乎可以把它叫做"雨的演示"（playing at rain）。例如，在日本，"一群阿伊努人会用筷子来洒水，而其他人则会拿着装有帆和桨的碗当作船，然后在村子和园子里对这只'船'又推又拉"。同样，以巫术的方式来促使土地丰产是通过夸张地表现人类性行为来进行的。我们不妨从无数此类例子中选择一个："在爪哇（Java）的某些地区，在橘子即将扬花的季节，农夫和他的妻子便会在晚上来到田间地头，并在那儿性交"，他们想让稻子学他们的样儿开花结实。然而，人们惧怕发生被禁止的性关系，它们可能会导致谷物绝收，土地贫瘠。①

某些否定性仪式（negative observances），即巫术性预防措施，也必须归到这第一组巫术行为中来。"当一个迪雅克人的村庄里有人到丛林中去捕猎野猪时，那些留在家里的人在其朋友不在家的期间不能用手触摸油或水，因为如果他们这样做，猎人们就会出现'手滑'，猎物就会从他们手中逃脱。"② 再举一例："当一位吉利亚克（Gilyak）猎

---

① 类似的观点可以在索福克勒斯（Sophocles）的《俄狄浦斯王》（*Oedipus Rex*）一剧中找到（例如序幕和歌队合唱第一部分）。

② J.G.Frazer, 1911a, 1, p.120, 引自 Roth, 1896, 1, p.430。

手在森林中追逐猎物时,他家中的孩子就不允许在木头或沙地上画画,因为他们害怕如果孩子们这样做了,森林中的道路就会像画中的线条那样错综复杂,这样,猎人们就会在森林中迷路,再也回不了家。"①

和其他许多关于巫术的作用的例子一样,在这些例子中,空间距离的因素被忽略了;换言之,心灵感应(telepathy)被认为是理所当然的。因此,理解巫术的这个特征并无什么困难。

毫无疑问,我们可以发现所有这些例子中被人们视为起作用的因素是什么。那就是人们所实施的行为与其预期的后果之间的相似性。正是鉴于这个理由,弗雷泽才把这种巫术描述为"模仿性的"或"顺势疗法的"(homoeopathic)。如果我希望老天爷下雨,我只要做出一些看似下雨或让人想到下雨的行为即可。在后来的文明阶段中,人们以在神庙前集会并祈求此庙所供奉的神灵降雨的方式取代了这种"降雨巫术"(rain-magic)。最后,这种宗教性技术也依次被抛弃,取而代之的是人们试图对那导致降雨的大气层施加影响以获得雨水。

在第二组巫术行为中,相似性原则不再起作用,取而

---

① J.G.Frazer, 1911a, 1, p.122, 引自 P.Labbé, 1903, Un bagne russe, L'ile de, Sakhaline, Paris, p.268。

代之的是另一种原则，其性质通过下列例子立马就可以清晰地显示出来。

还存在着另外一种伤害敌人的方法。人们在获得了其敌人的头发、指甲或其他被其丢弃的废物，甚至是一块（来自他衣服的）碎片之后，以某些带有敌意的方式来处理它们即可。这样做就和抓住了敌人没什么两样，其敌人就会感受到那些施加在源自他们的物品上的敌意对待。在原始人看来，一个人身上最重要的部分之一就是他的名字。所以，如果一个人知道了另一个人的名字或一个精灵的名字，他就获得了对于该名字之主人的某种程度上的控制力量。这就是我们在前文论述塔布问题时所触及的关于名字使用中的一些引人注目的预防性措施和禁忌的根源。在这些例子中，相似性的地位显然是被亲和性（affinity）所取代。

原始民族之食人习俗的较高级动机就具有类似的起源。在将一个人身体的某一部分吃进肚里的同时，食人者也就获得了被食者的特性。这也是那导致人们在某些特定情形中要对饮食进行防范和限制的原因所在。一个怀孕的女人之所以被禁食某些动物的肉，就是因为害怕这些动物的某些不良特性（例如懦弱）通过她的喂养而传递到孩子的身上。巫术的力量并不会因为两个物体之间的联系已经中断或者它们只是在某一重要场合发生过联系而有所改变。

例如，他们相信，伤口和致伤的武器之间的神秘关联可以历经千年而不会改变。如果一位美拉尼西亚人能够得到那曾射伤过他的弓箭，他就会很小心地将它保存在一个凉爽之地，这样就可以减少其伤口的感染发炎。但是，如果这张弓箭落在敌人手中，毫无疑问，对方就会将它挂在火的旁边以使他的伤口彻底地发热和发炎。普林尼（Pliny）在其《自然史》（*Natural History*）的第八卷第七章写道："如果你伤了一个人并想对他表示歉意时，你只需在你那伤人的手中吐上唾沫，伤者的痛苦立刻就会减轻。"[①] 所以，弗朗西斯·培根（Francis Bacon）在其《林中林》（*Sylva Sylvarum*）[第十章第998节] 中也提道："将油涂在那伤人的武器之上就会使伤口自动愈合，这种做法是经常被人接受和认可的。据说英国的乡下人甚至在今天还遵循着这一惯例，如果他们用镰刀割伤了自己，就会小心地将镰刀擦洗干净，以防伤口化脓。"1902年6月，一位叫玛蒂尔达·亨利（Matilda Henry）的诺里奇（Norwich）妇女意外地被一只铁钉扎进了脚底。她对伤口没做任何检查，甚至连袜子都没脱，而是让其女儿在那只铁钉上抹上油脂，并说这样做她的伤口就没事了。几天以后她死于破伤风——其原因就在于错将这种做法当成了抗菌剂。[②]

---

① J.G.Frazer, 1911a, 1, p.67.

② J.G.Frazer, 1911a, 1, p.203.

这最后一组例子典型地说明了弗雷泽所谓的"传染性"巫术（和"模仿性"巫术区别开来）。在这种巫术中，人们所相信的有效原则不再是相似性而是空间上的关联性、邻近性，或者至少是一种想像中的邻近性——在人们的回忆中它们是邻近的。然而，因为相似性和邻近性是联想过程的两条基本原则，因此，对巫术仪式中所有的愚昧行为的真正解释似乎就是这种观念中的联想在其中主宰着人们。我曾经引用过的泰勒对巫术的描述现在看来显然是恰当的，即误把观念中的关联性当成了现实性。J.G. 弗雷泽曾经用几乎相同的语言说道："人们错误地将其观念中的秩序当成了自然中的秩序，因此才会作如此想像，即只要他们控制了，或者似乎控制了其思想，也就能够对事物实行相应的控制。"①

起初，我们会惊讶于得知这种给人以启迪的关于巫术的解释竟然会被一些作家（例如 Thomas，1910—1911a）视为不足取而予以反对。不过，细想起来，这种批评还是有道理的。关于巫术的联想理论仅仅解释了巫术所施行的途径；它并未能说出其真正的本质所在，也即是说误解了那导致人们为何用心理规律来取代自然规律的原因。其中

---

① J.G.Frazer, 1911a, 1, p.420.

必有某些动力因素被明显地忽视了。但是，弗雷泽理论的批评者们在寻找这种动因时却又误入歧途。其实，只要我们将这种联想理论作进一步的推进和深化，就很容易得到关于巫术的令人满意的解释。

首先，让我们对模仿性巫术的更简单也更重要的例子作一考察。根据弗雷泽的观点，模仿性巫术可以自动地实施，而传染性巫术则通常需要其他的预设条件。人们很容易就能觉察到那些导致原始人实施巫术的动机：人类的愿望。我们需要假设的是，原始人对其愿望的力量是无比相信的。他们借助巫术的手段所从事的活动之所以能实现，其根本原因终究不过是他们想让它实现而已。因此，我们关注的重点一开始就只能放在其愿望上。

尽管儿童的运动神经效率（motor efficiency）还有待发展，但他们却是处于一种类似的心理状态中。我曾在其他研究中提出过一种假设，即儿童最初是以一种幻想的方式来满足其愿望的，即他们通过其感觉器官的离心式兴奋（centrifugal existation）来创造出一种满足的情境。成年原始人则有着易于被他们接受的其他方法。他们的愿望总是伴随着某种运动冲动（motor impulse），而这种意志日后注定会因为要满足其愿望而改变地球的整个面貌。这种运动冲动首先被应用于提供一种满足情境的表象,以这种方式,它就可以借助那被描述为运动神经幻觉(motor hallucinations)的手段使之能够体验到满足。这种满足的愿望表象还可以拿来与儿童的游戏作一比较,这种游戏承续着其早期那种纯粹感官性的满足技巧。如果说儿童和原始人类发现游戏和模仿性表象足以满足其愿望,那也并不就表示他们的谦卑(就我们所使用该词之意义而言),也不表明他们就顺从地承认自己实际上的无能为力。他们归诸于其愿望之中的至高美德所产生的后果与那些愿望相关联的意志,以及那些愿望产生作用的方法都是很容易理解的。随着时间的推移,心理的重点也就从巫术行为的动机转向巫术行为实施的方式上了,也就是说,转向巫术行为本身(也许,更加正确的说法是,正是这些方式向行为者揭示了他附着在其心理行为上的过高评价)。因此,由于巫术行为与预期结果之间的相似性,这就显得仿佛是巫术行为本身独自决定了那些预期结果的发生。而在泛灵论思维的阶段,是不可能有机会显示出与事情的真正状态相反的证据的。但是,在后来的时间里,这样的可能性确实出现过,尽管当时所有这些巫术方法仍在实施,但作为一种压抑倾向之表达方式的对心理现象的怀疑还是开始出现了。人们那时即将承认,除非带着信仰,否则对精灵的祈求是不灵的,如果背后没有虔敬在起作用,祈求者的巫术力量便会失效。①

　　人们曾经有可能在临近性联想之基础上建构传染性巫术体系的事实表明,附着在愿望和意志之上的重要性已经推衍到所有那些屈从于意志的心理行为之上。一种过高的评价就这样被赋予了所有的心理过程——一种对待外部世界的态度,就是说,从我们关于现实和思想之关系的认识这个角度看,不能不说这种过高的评价被给予了后者。观念中的事物比现实中的事物更加重要:不管人们对后者做了什么,其后果都不可避免地在前者中产生出来。人们持有了关于事物的诸观念之间的关系,也就被认定为同样持有了事物之间的关系。因为空间距离因素在思想中无足轻重——在任何简单的意识行为中,对于存在于哪怕最遥远时空中的事物的理解都是毫无困难的——所以,巫术世界便也具有一种心理感应特征,它不会顾及空间距离的远近,而会将过去的情境视为是当前的存在。在泛灵论时代,人们对内在世界的反映掩盖了世界的其他图景——这种世界图景似乎正是我们所感受到的。

---

① 参见《哈姆雷特》(*Hamlet*)第三幕第三场中的国王台词:
　　我的祷词高高飞起,
　　我的思想滞留于地;
　　那没有思想的祈祷,
　　永远不会上达天庭。

进一步地，我们会注意到相似性和临近性这两个联想原则都被包含在一个更具综合性的"接触"概念中。临近性所致的联想是接触的题中之意；相似性所致的联想则是接触的隐喻之意。运用同一个词语来表达两种关系无疑是由于我们还没有掌握这两种心理过程的某种同一性。我们在此发现"接触"一词的意义范围和我们在对塔布的分析中的发现是一致的。①

简而言之，我们可以说支配着巫术以及泛灵论思维模式之技术的原则就是一种"思想全能"（omnipotence of thoughts）的原则。

## 三

我是从我以前的一位患者那里获得"思想全能"这个术语的，此人智力极高却饱受强迫性观念的困扰，但经过精神分析的治疗后，他就能够对其行为的效率和良好的判断力作出说明了。他创造的这个短语是用来解释他和其他那些受强迫性神经症困扰的人所追求的所有那些奇怪而神秘的事情。如果他想到谁，他确信马上就可以见到他，仿佛有种魔力似的。如果他突然想起问候一位他很久没有见

---

① 参见本书第二章。

到的熟人的健康状况，他就会听说那个人刚刚去世，以至于看起来仿佛有一种心灵感应的信息从对方那儿传递给他。如果他在毫无任何真正意图的情况下诅咒了某个陌生人，他就会确信那个人很快就会死去，所以他又会感到自己对此人的死亡负有责任。在对其进行治疗的过程中，他自己已能告诉我这些欺骗性的表象在大多数情况下是如何出现的，以及他自己又是使用什么样的策略来帮助自己强化这些迷信式的信仰的。所有的强迫性神经症患者在这种意义上都是迷信的，而这种迷信式信仰通常又会妨碍其良好的判断力。①

正是在强迫性神经症中，思想全能的残余才最清晰可见，这种原始思维方式的后果也最接近意识领域。但是我们千万不能就此作出错误的假定，即此乃这种特殊的神经症的一个突出特征，因为精神分析的研究也揭示出这种特征在其他类型的神经症中同样存在。在所有的神经症中，决定症状形成的因素都是思想中的现实而非经验中的现实。神经症患者生活在另一个世界之中，正如我在其他地方提及的，在那里，只有"神经症通货"（neurotic currency）才是合法货币。也就是说，他们只会受到强烈的思想和情

---

① 我们似乎认为那些寻求对思想全能和泛灵论思维方式之证实的行为，大体上具有一种"神秘的"性质。根据我们的判断，在我们达到了某个阶段之后，就会抛弃这样的信仰。

感的画卷的影响，而它们是否与外部世界有着一致性则是无关紧要的。歇斯底里症患者在其发病时不断重复并固着于症状中的行为，就是只能在其想像中才会以特定形式出现的体验——尽管那些想像中的体验最终确实可以追溯到现实中的事件或者是建立在这些真实事件的基础之上。将神经症患者的罪恶感归于现实中的某些错误行为的做法所表明的是一种相同的误解。一位强迫性神经症患者可能因为其罪感而不堪其重，这种罪感甚至可与一位杀人如麻者的罪感相同，而事实上，从其童年时代开始，他一直就是以最为体贴周到、小心谨慎的态度来对待其周围的人们。尽管如此，他的罪感仍具有其合理性：因为这种罪感是建立在希望其周围的人死去的强烈而持久的愿望之上的，这种愿望是在其潜意识中起作用的。如果我们考虑的是其潜意识中的思想而非有意的行为，那么这种罪感的存在就确实有其理由。因此，将过高的评价给予内在的心理过程而非外在现实的思想全能的观念，看起来在神经症患者的情感生活以及一切源于它的事物中都发挥着无限的作用。如果给予这些神经症患者以精神分析的治疗，使其意识到潜意识中的思想，那么他们就不再可能相信思想是无拘无束的，并且会经常害怕表达出这些罪感的愿望，似乎一旦表达，它们就会不可避免地导致其实现。这种行为和他日常生活中表现出来的那些迷信行为一样，都显示出他与那些相信仅靠思想就可以改变外部世界的原始人的相似性。

　　这些神经症患者原初的强迫性行为具有一种彻底的巫术特征。如果说它们还不是符咒，那无论如何也是与符咒相对应的东西，是被设计出来防止对灾难的期待的，而这种期待通常就是神经症的肇始。每当我成功地洞悉此中的秘密时，我就会发现这种被期待的灾难就是死亡。叔本华（Schopenhauer）曾经说过，死亡问题是所有哲学的开端，我们也已经了解了灵魂与魔鬼信仰的起源，知道其本质就是泛灵论，并可追溯到死亡给人们留下的强烈印象之中。难以判断的问题是：强迫性神经症患者所表现出来的强迫性或保护性行为是否也遵循着相似性的定律（或者，正如此例，是对比性的定律）；因为，由于受到神经症中盛行的状态的影响，其行为通常被歪曲，被置换到某些细节问题上，被置换到某些其本身就是极其琐碎的行为之上。① 强迫性神经症中那些保护性的常规做法，也能在巫术的常规性做法中找到与其对应之物。然而，描述强迫性行为发展过程还是可能的。我们能够说明在开始的时候他们是如何尽可能远地避开与性相关的事物——对罪恶愿望的巫术式防备——而在结束时又是如何成为那被禁止的性行为的替代物并且对此行为进行尽可能相近的模仿的。

---

　　① 这种向琐碎行为置换的深层动机将会在后文中讨论。

如果我们愿意接受前文所提出的从人类的观点来看的宇宙进化论，即它先后经历了泛神论阶段、宗教阶段及科学阶段，那么，再去理解"思想全能"在其中的兴衰更替就不是什么难事。在泛灵论阶段，人们将"全能性"归诸于其自身。在宗教阶段，人们则将它转移到神的身上，但并未真正地将它从自身中拱手让出，因为他们仍然保留着依据他们自己的意愿运用各种不同的方式对神施以影响的权力。而从科学的观点来看宇宙，其中就不再有人类万能任何的存身之地了；人类认识到了自己（在宇宙中）的渺小，而且不得不屈从于死亡以及自然界中其他的必然性。虽然如此，若顾及现实法则，可以说人类全能这种原始信仰仍残留在人类对其精神力量的信仰之中。

如果我们观察力比多倾向在人类个体身上从成年形式到其在童年期的最初形成这样一个发展历程，其间的一个重要区别就会显露出来。我曾经在《性学三论》（Three Essays on the Theory of Sexuality）一书中对此作过描述。人类性本能的表现形式在其最初阶段就能够被观察到，但是在这个时期它们并没有直接指向任何的外在对象。欲构成性欲的那些个别的本能成分是各自独立地起作用以获得快乐并从主体自己的身体中找寻满足的。这个阶段就是所谓的自体性欲（auto-erotism）时期，在此阶段之后，性欲的对象才是有选择的。

更深入的研究表明，在这两个阶段之间插入另外一个阶段是恰当的，而且确实是必要的，或者换一种说法，就是将第一阶段，即自体性欲阶段一分为二。这个中间阶段的重要性随着研究的深入将变得越来越明显，此前彼此孤立的性本能现在已经结合为一个单一整体，并且找到了一个（性欲）对象。但是这个对象并不是外在的，不是外在于主体的，而是他自己的自我，这个自我大约也是在这个时期形成的。请记住这个新阶段的病理性固着（pathological fixation），人们后来就会观察到它，我们给它取了一个名字叫"自恋"（narcissism）。自恋者的行为就像是自己爱上自己，根据我们的分析，自恋者的利己本能和力比多愿望尚未分离。

虽然我们还不能够精确地来描述这个自恋阶段的特征，但我们知道，正是在此阶段，此前相互分离的性本能结合成了一个单一体并以自我作为其欲力集中（cathect）的一个对象；我们还怀疑这种自恋组织从未被彻底地抛却。人类仍在某种程度上保留着自恋倾向，即使是人们为其力比多找到了外在的对象。人们致力进行欲力投入（cathexes）可以说就是力比多的溢出，力比多依然保留在其自我之中并且可以再次收回。对热恋状态——它是如此引人注目的心理现象，而且被作为精神病的一个标准原型——（的研究）表明：这些力比多溢出在达到其极致状态时，是可以与自恋（self-love）的水平相比拟的。

正如我们所看到的，原始人和神经症患者都给予心理行为以过高的评价——在我们看来是一种过高的评价。将这种状态与自恋联结起来并视之为它的一个必要成分似乎是合理的（做法）。可以说原始人的思维过程在很大程度上依然是性欲化的。他们对于思想全能的信奉，他们对于控制世界的可能性的不可动摇的信念，他们始终难以获得而实际上是如此容易就能获得的经验——这种经验可以教导他们人类在宇宙中的真正位置，以上种种，其根源皆在于此。至于神经症患者，我们发现：一方面，这种原始状态中相当大的一部分仍遗留在其体质之中；另一方面，他们内部出现的性压抑使其思维过程进一步趋向性欲化。无论思维中力比多的过度投入是源初的还是理性自恋（intellectual narcissism）与思想全能这两种退化作用的产物，两者所导致的心理后果必定是相同的。①

如果我们可以将原始民族中思想全能的存在视为是对

---

① "在学者们对这个问题的论述中，这几乎成了一个公理：某种唯我论（solipsism）或者贝克莱主义（Berkleianism）（正如萨利[Sully]教授在儿童研究中发现了它并为之命名的那样）在原始人中发挥着作用，而且使其拒绝承认死亡乃是一种（自然）事实。"（Marett, 1900, p.178）

自恋的一个有力证据，那么我们就敢在人类宇宙观的发展阶段和个体的力比多发展阶段之间作一个尝试性的比较。泛灵论阶段在年代上和内容上都可以与自恋阶段相对应，宗教阶段与（性欲）对象选择（object-choice）阶段（其特征是儿童对其父母的依恋）相对应；而科学阶段也有一个准确的对应阶段，在此阶段，个体已趋于成熟，他放弃了快乐原则（the pleasure principle）而使自己适应现实，并且转向外部世界去寻求其欲望对象。①

在我们的文明中，只有一个领域还保有思想全能的残迹，即艺术领域。只有在艺术中，才会发生一个充满着欲望的人去从事某些类似于满足欲望的事情，然而他的游戏产物却具有情感效果——多亏了艺术幻觉——仿佛它如真的似的。人们很公正地称之为"艺术的魔力"并将艺术家比作魔术师。然而，这种比喻也许具有比它所宣称的更为重要的意义。毫无疑问，艺术当初并非是为艺术的目的而产生的。最初，它被用来宣泄那些在今天大多已消失了的冲动。而且，我们怀疑其中就存在着许多的巫术性

---

① 在此我只想简单地提示这样一种事实，即儿童的初始性自恋（original narcissism）对于我们关于儿童性格之发展的观点具有决定性的影响，而且排除了他们具有任何原始自卑感（primary sense of inferiority）的可能性。

目的。①

## 四

因此，人类所建构的第一幅世界图景——泛灵论——实际上是一幅关于心理世界的画卷。它还不需要科学的基础，因为科学只有在人们认识到世界是未知的，因此才需要寻找方法来认识它以后才会产生出来。对于原始人来说，

---

① 参见 S.Reinach, "L'art et Lamagu", 1905–1912, 1, pp.125–136。根据雷纳克的看法，在法国的岩洞里遗留下动物石刻和壁画的原始艺术家们，他们创作这些作品的目的并不是为了"愉悦"而是为了"召唤"或祈求（鬼魂）显灵。他就这样解释了为什么这些图像都位于岩洞中最黑暗和最难进入的地方，以及这些动物图像中并没有出现凶猛的食肉动物的原因。"Les modemes parlent souvent, par hyperbole, de la magie du pinceau ou du ciseau d'un grand artiste et, en général, de la magie de l'art.Entendu au sens propre, qui est celui d'une contrainte mystique exercée par la volonté de Ibomme sur d'autres volontés ou sur les choses, cette expression n'est plus admissible;mais nous avons vu qu'elle était autrefois rigourcusemcnt vraie, du moins dans l'opinion des artistes."（"现代社会中的人们经常用隐喻的方式谈起某位伟大艺术家的画笔和刻刀所具有的魔力，或者更一般地论及艺术的魔力。这种表达已不再具有其恰当意义上的神秘力量——这种力量乃是人类意志施加于其他[生命的]意志或物体之上的，但是，正如我们所看到的，曾经有一个时期，它确实是真的——至少艺术家是持这种观点的。"）

泛灵论的产生是很自然的，也是理所当然的。他们知道世界上的事物是相似的，亦即如同他们对自己的感觉一样。因此，我们将会发现原始人是将其自己心理[①]中的结构性情境转换到外部世界之中，而且我们可以尝试着将这个过程倒转过来并把泛灵论告知我们的关于事物之本质回置到人类心灵中去。

泛灵论的技术，即巫术以一种最清晰最明确无误的方式揭示出这样一种意图，即将支配着精神生活的法则施加到真实的事物之上，精灵在此过程中还不需要发挥任何作用，尽管精灵很可能被作为巫术的对象来对待。因此，我们可以作出这种假定，即与精灵学说相比，巫术是更基础也更古老的，它构成了泛灵论的核心。在此，我们的精神分析观点与马雷特（R.R.Marett）所提出的理论是一致的。马雷特主张在泛灵论阶段之前，还有一个前泛灵论阶段（pre-animistic stage），"万物有灵论"（一种关于生命之普遍性的学说）这个术语最恰当地表明了其特征。经验资料对此阶段的研究没有什么助益，因为毕竟我们至今还没有发现有哪一个民族没有精灵的概念。[②]

尽管巫术仍将全能的观念独自保存在思想之中，泛灵论却开始将某些全能性移交到精灵身上，这样就为宗教的

---

① 他们是通过所谓的内在心理感知而意识到的。

② 参见 Wundt，1906，第171页及以下诸页。

建构铺平了道路。我们可能会问：什么因素能够导致原始人做出这第一次的放弃行为？绝不可能是他们认识到了其（理论）前提的错误，因为他们仍在使用着巫术。

正如我在上一章里所说明的，精灵和魔鬼不过是人类自己情感冲动的投射而已。① 人们将其情感的能量投入（emotional cathexes）转向人本身；他生活在一个充满着人的世界上，并使其内在心理过程再次与其自身以外的那个世界相交汇——这正与那位富有才智的妄想狂施雷伯（Schreber）所使用的是同一方法，因为施雷伯发现，其力比多的附着（依恋）和分离（失恋）只是他虚构的"上帝之光"（Rays of God）的兴衰更替的一种反映而已。②

我将避谈下述一般性问题（因为我已在其他地方研究过了），③ 即心理过程投射到外部世界的趋向性是如何产生的。不过，我们还是有把握提出这样的假定，即当这种投射承诺可以带来心理放松的好处，这种趋向性就会被强化。在下述情形中，肯定存在着对这样一种好处的期待：其中，在不同的冲动之间已经产生了冲突，而所有这些冲动又都

---

① 我以为在自恋的早期阶段，从力比多中产生的和从其他刺激源头产生的欲力投入可能依然是彼此不分的。

② 参见 D.P.Schreber（1903），S.Freud（1911b）。

③ 参见我评论施瑞伯的论文，S.Freud，1911b，p.452。

力求达到全能——因为它们显然不可能全都成为全能的。事实上,妄想狂中的病理过程(pathological process)正是利用了投射机制来解决这种心理冲突。此类冲突的一个典型例子就是一对对立物之间的冲突(一种矛盾情感态度),如当它出现在某些哀悼其所爱亲人之死亡的人身上时,此类问题我们已经对其进行了详细的考察。在这种情形中,似乎特别容易形成产生投射的动机。在此,我们再次和某些学者达成了一致,他们主张最初出现的精灵都是邪恶的精灵,并且(人们)是从死亡对生者造成了强烈印象这个角度获得其灵魂观念的。惟一的不同在于,我们并没有强调生者在面对死亡时所形成的理智问题,在我们看来,给予我们对其进行研究的动力毋宁说应归于生者深陷其中的情感冲突问题。

如此说来,人类所取得的第一个理论成就——创造精灵——看来与人类最早的道德禁止具有相同的来源。然而,它们具有相同来源这一事实却不一定意味着它们是同时产生的。如果生者与死者的关系确实是引起原始人反思的最初理由,并导致他们被迫将其某些全能性移交给精灵且牺牲掉一些行动的自由,那么,这些文化产物就构成了对"必然性"(Avárkn)的最初认识。这种必然性是与人类的自恋相对立的。原始人因此将以一种姿态来屈从于死亡的至上权威,而这种姿态里似乎还有着要否认死亡的意味。

如果我们敢于对我们的假设作进一步的推进,我们就可以探问:我们心理结构中的哪一个基本部分在灵魂与精灵此类投射性产物(projective creation)中被反映和再现出来。无可争议的是,原始的灵魂观念,不论它和后来那种纯粹的非物质性灵魂概念有多大的不同,它们在本质上依然是相同的,也就是说,它假定人和物都具有双重属性,而且它们的已知属性和被改变了的属性被分别归诸于这两个构成部分之中。这种原初的"二元性"(duality)——借用赫伯特·斯宾塞的一个表述——和我们在对灵魂与肉体进行流行性区分时所宣称的那种二元论(dualism)并无不同;这种二元论同样体现在我们那些根深蒂固的语言表达中,如我们使用短语"beside himself"(失常)或"coming to himself"(苏醒)来形容愤怒或昏厥。

和原始人一样,当我们将某些失望投射到外部现实中时,必然会出现以下情形:我们认识到存在有两种状态——在一种状态中,这些事物是被直接给予感觉和意识的(即呈现给它们),与之相伴的是另一种状态,其中,那相同的事物是潜在的,但是能够再现出来。简言之,我们承认知觉和记忆是共存的,或者更一般地说,潜意识的心理过程是和意识的心理过程是比肩而存的。① 可以说，在前面的分析中，人或物的"灵魂"可归结为其能力，即对其感知停止以后还可以将它们回想起来和想像出来。

当然，我们不能期望将不论是原始的还是当今的"灵魂"概念与其人格的其他部分分离开来，在这同一条界线上，我们的现代科学是把它区分为意识和潜意识的心理活动。泛灵论的灵魂概念则将这两方面的特质统一了起来。它的变动不居及移动的性质，离开肉体以及暂时或永久占据另一个肉体的力量，这些特征提醒我不会弄错意识的本质。但是它隐匿在显现出来的人格背后的方式却使人想起潜意识（的特征）。我们不再将"不可改变性"和"不可毁灭性"这样的性质归诸于意识过程而是归诸到潜意识过程中去，并且把后者视为心理活动的真正载体。

我曾经说过，泛灵论是一种思想体系，是人类第一个完整的宇宙观；而现在，我将继续采取精神分析的视角从这种体系中得出某些结论来。在我们生命的每一天，生存的体验都在向我们显示某种"体系"的基本特征。我们在夜里做梦，并在白天学会如何释梦。梦可能显得混乱和

---

① 参见我的《关于精神分析中的潜意识的一个注解》(*A Note on the Unconscious in Psycho-Andysis*) 这篇短论，该文首次刊登在心理研究学会 1912 年的《学报》(*Proceedings*) 上。

不连贯，但这与其性质并不矛盾。与之相反的是，梦也可能对真实体验那些有序的印象进行模仿，它们可以使一个事件紧接着另一个事件，使其一部分内容关联另一部分内容。这样的结果多少可以成功地达到，但是它还不能够将这种连接做到天衣无缝的地步，而总会在其结构中留下一些明显的罅隙。当我们开始对梦进行解释时，我们发现，梦的构成部分如那些多变和无规则的安排对于我们从精神分析的观点来理解它并无多大影响。梦的基本要素是梦思（dream-thoughts），它们具有意义、联系和秩序。不过它们的秩序与我们事后对梦的回忆中表现出来的梦的内容是十分不同的。在这种梦后回忆中，梦思之间的联系已被舍弃，要么是这种联系全然失去，要么是被在后来显示的内容中所展示的那种新联系取代。除了被凝缩（condensed）外，梦的构成要素几乎是一成不变地被一种新秩序重新编排，这种新秩序又或多或少地独立于其原来的那种安排。最后，必须补充的是，不论梦思的原始素材被"梦活动"（dream-activity）转变成了什么，它都要受到一个更深入的影响。这就是所谓的"次级修正"（或润饰作用），其目的显然是除去梦活动所产生的不连贯性和难以理解性，并以一种新的"意义"来取而代之。然而，这种经由次级修正而获得的新意义已不再是梦思之本意了。

  对梦活动的产物进行次级修正是体现一个体系之本质

和虚饰（pretensions）的绝佳例证。我们具有一种内在的智性功能（intellectual function），它要求那来自其掌控内的任何材料，不论是感知还是思想，都须具备统一性、关联性和可理解性，如果在某种特殊的情况下，不能确立起一种真正的联系，它就会毫不犹豫地编造出一种虚假的关联来。我们所熟知的以这种方式建构起来的体系，不仅仅是来自梦这个领域，还有来自恐怖症（phobias）、强迫性思维（obsessive thinking）以及幻想症（delusions）等领域。这种体系的建构在幻想性失调状态（即妄想症）中看起来是最为突出的，其中，它支配着这种神经症的症状表现，但是也不能忽略它在其他形式的神经—精神病中的发生。所有这些例子都说明一点，即心理材料已根据一种被期待的新目标作了重新调整；而且，如果根据体系的要求，其结果必然显得是明白易懂的，那么这种重新调整可能经常就是激烈的。这样一种体系可由下列事实将其特征体现出来，即在其每一个产物中都可发现至少两种原因：一种建立在体系的前提之上（这种原因因此可能是妄想性的）；另一个原因则是隐匿的，我们必须将其判定为真正起作用的以及真实的原因。

　　我们可以引用一位神经症患者的例子对此加以说明。我在前文论述"塔布"问题时曾提及我的一位女性患者，在她的强迫性禁忌与毛利人的某种塔布之间显示出了极大的一致性。这位女性患者的神经症是指向其丈夫的,当她试图抵制潜意识中让其丈夫死去的愿望时,她的神经症就会发作。不过,作为其症状表现的那种系统性恐怖症(systematic phobia)仅仅一般地与人们提及死亡相关,与其丈夫则毫无瓜葛,而其丈夫也从未成为其意识中所焦虑的对象。有一天,她听到她的丈夫要将他那只缺了口的剃须刀送到一个特殊的商店里修理。受到一种奇怪的不安的驱使,她亲自去看了那家商店。经过一番勘测之后,她回到家里并坚持让她丈夫永远弃用那只剃须刀,因为她发现那家商店的隔壁是一家殡仪馆:她说由于他作出了要将剃须刀送到那家商店去修理的决定,那只剃须刀也就不可避免地卷入死亡的念头之中。因此,这种看法就成了其禁忌的系统性理由。我们可以很有把握地说,即使她没有发现那家商店隔壁有家殡仪馆,这位患者回家后仍会产生对那只剃须刀的禁忌。只要她在去商店的路上遇到过一辆灵车,或者某人身穿丧服或手拿花圈,便足以使她产生对剃须刀的禁忌。有可能促使她作出禁忌之决定的因素广泛到她可以从中找到借口的任何事件,这仅仅要看她是否决定收拢这种事件之网而已。在其他场合中,她也可能表现出不让上述那些决定性事件发挥作用,她可能会解释说那是一个"良辰吉日"。当然,很容易就能发现,她对那只剃须刀的禁忌的真实原因其实就是厌恶从下述想法中获取任何快感，即她的丈夫可能会用那把新修理过的剃须刀割断自己的喉咙。

一旦这种系统成功地将自己安顿好，既代表一种潜意识愿望又代表对这种愿望的防备，那么一种对运动的抑制步行（不能 [Abasia] 或广场恐怖 [Agoraphobia]）就会以与上例相同的方式渐渐地变得更加彻底和更加详尽。无论患者身上会呈现出其他什么样的潜意识幻想和有效回忆，这些幻想和回忆都会排除阻力沿着相同的路径以症状的形式将其表达出来；一旦此路径畅通，它们便会蜂拥着进入一种恰当的新组合中，不过这种组合仍限于运动抑制的框架之内。因此，试图理解那些建立在其潜在前提之上的广场恐怖（以之为例）之症状的复杂性和详尽性就是徒劳的，而且实在是一种愚蠢的任务。因为这种新组合的一致性及严密性只不过是表面上的。正如在梦中表现出来的虚假外表一样，如果我们更专注地察看，就会发现这些症状的结构中有着非常明显的不一致性和随意性。此类系统性恐怖症之所以具有详尽性的真实原因，即在于那些隐匿着的决定性因素，它们不需要和运动抑制发生关联。这也是为什么这些恐怖症在不同人身上体现出如此不同且相互矛盾的形式的原因所在。

现在，让我们返回到我们正在讨论的泛灵论体系上来。我们所获致的对其他心理学体系的洞察力使我们能够得出这样的结论：对于原始人的某些独特习俗或仪式的解释，"迷信"并不一定是惟一的或真实的缘由，我们也不能以此为借口来推脱寻求其潜藏动机的职责。在泛灵论体系的支配下，每一种仪式和活动都不可避免地具有体系化的基础，我们今天把这种基础描述为"迷信"。"迷信"和"焦虑""梦""魔鬼"这些概念一样，是一个临时性的心理学概念，在精神分析研究的冲击下很快就会支离破碎。一旦我们深入这些建构物——它们就像是被建造出来用于防止正确理解的屏障——背后，我们就会开始认识到，原始人的精神生活与文化水平至今仍未得到其应有的认识。

如果我们将本能的压抑（Instinctual repression）视为衡量人类已经达到的文明之发展水平的尺度，那么我们就必须承认：即使是在泛灵论体系的支配之下，人类仍然有所进步和发展，但由于其迷信基础，故受到人们不公正的鄙视。我们听说原始部落的战士在出征前要实行极其严格的禁欲和清洗，人们对此提出的解释是，他们这样做的动因就是"害怕敌人得到他们身体上的离弃物从而使对方能够对其施以巫术之法来毁灭他们"；[1]对于其禁欲行为，人们也能够提出一种类似的迷信理由来解释。虽然如此，

---

[1] J.G.Frazer, 1911b, p.157.

他们做出了一种本能的克己行为仍是不争的事实。而且，如果我们假定，原始民族的战士之所以遵循这些禁制乃是因为他们将其作为一种对策——因为他们就要彻底沉溺于对其残忍和仇视欲望的满足之中，而这些冲动对他们而言通常是被禁止的——那么，我们就能够对这种状况有一个更好的理解。这种解释同样适用于其他大量情形，即对于那些即将从事困难或重大工作的人来说，都要被施加多种性禁制。① 尽管这些禁忌所宣称的基础可能具有巫术的色彩，但是通过放弃某些本能的满足以获取更大的力量这种基本观念仍然是明确无误的；而且，禁忌的卫生根源——它就和其巫术的合理化关联在一起——也不容忽视。当原始部落的男人外出去狩猎、捕鱼、打仗或采集珍贵植物时，其留在家里的妻子也要遵循许多压抑性禁制，原始人将这种做法的原因归于一种有利的影响，即这会对男人外出活动的成功发挥着积极的影响。不过，不需要太多的深入研究我们就可以轻易地发现，这种远距离发挥作用的说法只不过是出门在外的男人对家的强烈思念而已；而且在这些掩饰背后，还存在着一种合理的心理学洞察，即只有这些离家的男人们对其留在家里的那些失去保护的女人感到彻底安全，他们才能最好地完成任务。有时候，他们自己宣

---

① J.G.Frazer, 1911b, p.200.

称（而不是依据任何巫术的理由），妻子对其婚姻的不忠将使得她那从事某些重要工作的丈夫劳而无功。

原始社会中的妇女在经期必须遵从无数的禁忌规范，据说这是由于一种对血的迷信式恐惧，这无疑的确是其中的决定性因素之一。但是，若忽视下述可能性则是错误的，即在一些情形下，对血的恐惧也具有美和卫生的目的；只是在所有情形中，这些目的都将其自身隐藏在巫术动机的背后而已。

在提出这些尝试性的解释时，我一直保持着清醒的状态。对于我的下述指责我也始终保持着开放的态度：人们指责我给现代野蛮人的心理活动赋予了一种超出所有可能性的精敏性。然而，在我看来，似乎很有可能的是，我们对于那些仍处于泛灵论水平上的原始民族之心理的态度和我们对待儿童的精神生活的态度是一样的；我们成年人不再理解他们了，他们情感的完整性和灵敏性也因此被大大地低估了。

我们至今仍未对其作过解释的一组更深入的塔布值得一提，因为它们认可了一种为精神分析学家所熟悉的解释。在许多原始民族中存在着这样一种禁忌，即禁止在家中保存锐利武器或切割工具。J.G. 弗雷泽曾经引用过一种德国的迷信现象来解释这种做法的不良影响，即不能将刀刃向上放置，因为害怕它会伤害到上帝和天使。① 难道我们就不能从这种禁忌中认识到一种防备可能的"征兆行为"吗？——在此种行为的实施中，一件利器有可能被潜意识中的邪恶冲动所利用。

---

① J.G.Frazer, 1911b, p.238.

# 第四章

# 图腾崇拜在童年期的再现

人们不必担心精神分析学——它首次发现了心理行为及其结构始终是由多种因素决定的——会试图将复杂如宗教这样的现象的起源追溯到某单一源头。如果说精神分析学被迫——事实上是为职责所限——将其所有的侧重点都集中在某一特殊的根源上，那也并不意味着它就宣称这个根源是惟一的或者它在无数被归因的因素中占据着首要地位。只有当我们能够将不同领域的研究成果进行综合之后，才有可能揭示出我们在本文中所讨论的机制在宗教的起源中曾经发挥过的作用的相对重要性。这样的一个任务既超出了精神分析学的方法也超越了其目的。

一

在第一章里，我们熟悉了图腾崇拜的概念。我们知道了图腾崇拜是一种在澳洲、美洲和非洲的某些原始民族中盛行的取代了宗教地位的信仰体系，并为这些民族提供了社会组织的基础。正如我们知道的那样，是一位叫麦克伦南（Mclennan）的苏格兰人于1869年首次将人们的普遍注意力引到图腾崇拜现象上来（此前它只是被人们视为稀奇古怪之物），他表达了这样一种疑问，即在古代和现代的不同社会里流行着的大量风俗和习惯都可被解释为图腾时代的遗迹。从那时起，科学就完全接受了他对图腾崇拜的评判。让我们引用一段对此问题的最新论述，它来自冯特的《民族心理学纲要》（*Elemente der Völkerpsychologie*）："根据所有这些事实，我们极有可能得出这样的结论，即在某些时期，图腾文化遍布各地，它们为一种更高级的文明的出现铺平了道路；因此，它代表了一个介于初民阶段和英雄与诸神时代之间的过渡性阶段。"

本文的目的迫使我们更深入地去探寻图腾崇拜的本质。由于那些很快就会明了的原因，我将从雷纳克的论述开始，他在 1900 年[①]将"图腾崇拜法则"（Code du totémisme）概括为 12 条——可以说，它们就是图腾宗教的一种教义问答：

（1）禁止杀害和食用某些动物，但是它们中的个别动物则可由人喂养和照料；

（2）意外死亡的动物要按照与对待氏族成员相同的方式进行哀悼和安葬；

（3）某些情况下，饮食禁忌仅限于动物身体的某个特殊部位；

---

① 参见 S.Reinach, 1905–1912, 1, Cuttes, mythes et religims, Vols. 4, p.17。

（4）在事所急需的情况下不得不杀死某种通常被放生的动物，则要向它表示歉意，要尽力运用各种手段和托词来减轻这种冒犯"塔布"的行为——杀害被禁动物的行为；

（5）当动物被用于仪式牺牲时，要庄重地哀悼它；

（6）某些庄重的场合和宗教仪式上，要穿着某些动物的皮。凡图腾崇拜仍起作用的地方，这些动物就是图腾动物；

（7）氏族和氏族成员个人可采用动物之名，一些动物应是图腾动物；

（8）许多氏族使用动物（图案）来代表其旗帜和武器；人们将动物图案绘在或纹在他们的身体上；

（9）若图腾是一种可怕或者危险的动物，人们相信那以之命名的氏族之成员就不会受其伤害；

（10）图腾动物保护并警示其氏族成员；

（11）图腾动物为氏族的忠实成员预言未来并作为其指导者；

（12）图腾氏族的成员常常相信他们与图腾动物因共享共同祖先而联结在一起。

如果我们考虑到这种事实，即雷纳克只是将图腾制度早期存在中的所有象征和痕迹囊括进这些教条中，我们才能认识到图腾宗教的这种教义问答的适当价值。该作者对于图腾崇拜的部分本质特征的忽略表明了他对此问题的奇特态度。正如我们将会看到的那样，他将这种图腾教义的两条基本条款之一降为背景并完全忽略了另一条款。

为了达到对图腾崇拜之本质的正确描绘，我们必须转向另一位学者，他就此问题写了一部四卷本的著作，其中既有对与图腾崇拜相关的仪式最全面的收集，也有对这些仪式所引起的问题的最详尽讨论，并将两者结合了起来。即使精神分析研究可能得出的结论与他的观点有极大的不同，我们应感激 J.G. 弗雷泽先生，《图腾崇拜与族外婚》（1910）的作者，感激他的著作给我们带来的快乐和启迪。①

---

① 然而，也应该事先提醒读者的是，对此主题的任何论述，若想达到令人满意都是很困难的。

首先，那些对观察资料进行收集的人并非是对其进行审核和讨论的人。前者是一些旅行家和传教士，而后者则是一些可能从未亲眼见过其研究对象的学者。再者说，同原始人交流也非易事。观察者并不总是熟悉土著语言而不得不依赖于翻译者的帮助或者是以"洋泾滨"英语（Pidgin-English）为中介来知道其调查。原始人不愿意轻易就此问题讲出其文化生活中那些最隐秘的详情，他们只对那些同他们一起生活了许多年的外来者敞开心扉。他们常常出于不同的动机提供错误的或误导性的信息。（参见 Frazer，1910，1，第 150 页以下诸页）不要忘记，原始民族并不是年轻的民族，他们事实上和文明民族一样有着古老的历史。没有理由认为，为了给我们提供原始的信息，他们就应该不发展和不改变地保留着其原初的观念和制度。相反，原始民族肯定已经在各个方面都发生了深刻的变化，以至于我们永远不可能毫不犹豫地作出这样的断定：他们现今的状况和观念在多大程度上以固定不变的形式保有其原始的状态，它们又在多大程度上与这种原始状态弗雷泽在其论述图腾崇拜的第一篇论文[①]中写道：

图腾就是原始人以迷信的方式来看待的某类物质性对象，他们相信自己与此类对象的每一个成员之间存在着一种密切的，而且总是特殊的关系。……一个原始人与其图腾之间的关系是互利的；图腾保护着这个人，而此人则以各种方式来表达他对其图腾的敬意；如果它是一种动物，那就不能杀害它；如果它是一种植物，那就不能砍伐或采集它。和物神（Fetish）不同，一个图腾绝非一个孤立的个体，而总是一类对象，一般是某一类动物或植物，比较少见的是某类无生命的自然物体，十分少见的是某类人造物体……

图腾至少有三种类型：(1) 氏族图腾，它是整个氏族共有的图腾，通过继承关系代代相传；(2) 性图腾，是一个部落中所有男性或所有女性成员所共有的

---

（接上页）相比发生了扭曲和变形。因此，专家们便在下述问题上产生了持续不断的争议：关于原始文明的特征中哪些应被视为原初性，哪些又被视为后来出现的以及次级发生的产物。对事物原初状态的裁定总是保持着一种建构的状态。最后，真正地去体察原始的思维方式也非易事。我们对原始人的误解就像对儿童的误解一样，是很容易发生的；我们总是倾向于按照我们自己的心理结（mental constellation）来解释他们的行为和感情。

①  J.G.Frazer, 1910. *Totemism and Exogamy*, London p.3.

图腾,此图腾对于异性具有排他性;(3)个体图腾,仅属于某单一个体且不能传给其子孙后代……

这后两种图腾在其重要性上是无法与氏族图腾相比的。除非我们的看法是错误的,否则,它们就是后来才发展起来的,而且对于图腾的本质属性来说也没有什么影响。

氏族图腾被一群以其名字来命名的男男女女所崇拜,他们相信自己与其具有同一血缘,是同一祖先的后裔,而且由相互之间的共同义务以及对于图腾的共同信仰联结在一起。因此,图腾崇拜既是一种宗教制度也是一种社会制度。在宗教方面,它是由人与其图腾之间的相互尊敬和保护的关系构成,在社会方面,它则是由氏族成员相互之间以及与其他氏族之间的关系构成。在图腾崇拜后来的发展史中,宗教与社会这两个方面趋向于分离;有时候,社会制度胜过宗教制度而幸存下来,有时候,包含着图腾崇拜痕迹的宗教保存于国家之中,而以图腾崇拜为基础的社会制度则消失无踪。对于在图腾崇拜中这两个方面相互之间是如何关联在一起的这个问题,因为我们对其起源一无所知,故不可能说出个子丑寅卯来。不过,总的来说,有证据强有力地支持这种结论,即图腾崇拜中的这两个方面最初是不可分割的；换言之，我们回溯得越远，我们就越是能够发现氏族成员是将他自己和其图腾视为同种的存在，而且在针对其图腾的行为和针对其氏族同胞的行为之间越是缺少区分。

在提出将图腾崇拜视为一种宗教制度这个独特性时，弗雷泽是从以下这一点入手的，即图腾氏族的成员们都是以其图腾的名字来称呼自己的，并且共同认为他们自己事实上是它的后裔。与这种信仰伴随而来的必然是他们不会猎取这种图腾动物或者杀害、食用它，倘若其图腾不是动物，他们就会以其他方式来禁止使用它。禁止杀害或食用图腾动物的法则并非是仅有的禁忌；有时候，他们也被禁止触摸它，甚至是看它一眼；在许多情形下，不能直呼图腾的真正名字。任何对于那些保护图腾之禁忌的违背都会自动地遭受重病或者死亡的严惩。①

图腾动物的代表也会偶尔地被捉到氏族内饲养和照料。② 若图腾动物死亡，人们就会像对待死亡的氏族成员那样对其哀悼并安葬。若需要杀死图腾动物，则必须依照规定的表达歉意之仪式和赎罪仪式来进行。

---

① 参见我早期论塔布的文章。
② 如今天罗马国会大厦台阶旁兽笼中的母狼以及伯尔尼的兽穴中的熊。

氏族（成员）期望得到其图腾的保护和关照。如果其图腾是一种危险的动物（例如捕食性猛兽或毒蛇），人们也会假定它不会伤害其氏族成员，倘若这种期待没有实现，那被它们伤害的氏族成员就会被逐出氏族。根据弗雷泽的看法，咒语（oaths）最初就是神裁（ordeals），因此，许多血统的检验以及被提出来决定其合法性的问题都交由图腾裁决。图腾对病人施以援手，为其氏族传达预兆和警示。若图腾出现在房子里或其周围，常被人们视为是死亡的一种先兆，图腾是来召回其亲人的。①

在某些特别重要的情况下，氏族成员会寻求以各种方式来强化其与图腾的亲属关系，如使自己在外表上与图腾相似；穿上动物的皮毛，将图腾的图案纹在自己身上；如此等等。这种与图腾的认同对于出生、成年及丧葬仪式上的行为与言语会产生某些影响。各种各样的宗教及巫术目的都可通过舞蹈表现出来，在这种舞蹈中，所有的氏族成员都装扮得和其图腾一样，并模仿其行为。最后，还有这样一些仪式，其中图腾动物被讲究礼节地杀死。②

图腾崇拜的社会属性方面主要表现为对禁令及广泛的限制的严格施行。

一个图腾氏族的成员都是兄弟姐妹，必须相互提供

---

① 就像某些贵族家庭中的白色淑女（white lady）。
② J.G.Frazer, 1910, 1, p.45. 参见我在后文对"牺牲"的讨论。

帮助和保护。如果一个氏族的某个成员被其他氏族的人所杀，那么杀人者所在氏族的全体都要对这种死亡承担责任，而被杀者所在氏族的全体也要齐心协力地讨还这笔血债。图腾这种联结纽带要比我们所使用的那种意义上的家庭纽带牢固得多。这两者并非是一致的，因为图腾通常是通过母系来传承的，而父系继承最初很有可能完全就没有被考虑。

相应的禁忌是禁止同一图腾氏族的成员相互通婚和发生性关系。在此我们遇到了一种与图腾崇拜相关联的众所周知却又神秘难解的现象：族外婚制。在本书的第一章中，我讨论了这个主题，因此我在此只需重提一下：这种外婚制源于原始人中乱伦畏惧的强化，完全可以将它解释为群婚条件下防止乱伦的一种保障措施，其最初的目的是用来禁止年轻一代人之间的乱伦，只是到后来才将这种禁忌发展到老一代人身上。

除了弗雷泽对图腾崇拜的论述——它们是论述这个主题的最早文献之一——我还要从最新的一种论述中摘录一些作为补充。冯特在其《民族心理学纲要》（*Elemenie der Völkerpsychologie*）中写道："图腾动物通常也被视为正在论及的那种群体的动物性祖先。一方面，'图腾'是一个群体的名字；而另一方面，它也是一个标志着祖先的名字。在这后一种关联中，它还具有一种神话学的意义。不过，这些不同的观念相互影响的方式也是多种多样的。有些意义可能会消退，以至于那些图腾常常变成了一种部落区分的名称而已。而在其他时候，这种关于祖先的观念也许又具有崇拜的意义，占据主导地位……"图腾的概念对于部落划分和部落组织具有一种决定性的意义，这些部落及其组织都要遵从某些风俗规范。"这些规范以及它们在部落成员的信仰和感情中所占据的牢固地位，都与这种事实有关：最初，无论如何，图腾动物通常不仅仅被视为给予一个氏族成员其群体性名字，而且事实上被视为其祖先……与此密切相关的是这样一个更进一步的事实：这些动物性祖先占据着被崇拜的位置……除了一些特殊的仪式和正式的节日外，这种动物崇拜最初主要体现在那些保存下来的与图腾动物的关系之中。不仅仅是某一特定的动物具有某种程度的神圣性，而且是这类动物中的每一只都是神圣的。图腾氏族的成员禁止食用图腾动物的肉，或者只是在某些特殊条件下才被允许这样做。一种与此禁忌并不冲突但却很有意义的与之相对应的现象是：在某些场合，人们食用图腾动物之肉已形成了一种仪式……"

"……不过，这种图腾部落组织最重要的社会属性则存在于这样的事实中：它包括了某些调节不同群体成员相互之间发生性行为的风俗规范。在这些规范中，那些支配着婚姻关系的又是最重要的。这个时期的部落组织与一种重要的、源自图腾时代的制度——族外婚制——紧密联结在一起。"

如果我们试图洞悉图腾崇拜的最初本质而不虑及它后来增加或减少了什么,那么我们就会发现,它的本质特征就是:所有图腾最初都是动物,它们被视为不同氏族的祖先;图腾只通过母系来传承,存在着一种禁止杀害图腾的禁忌(或者说,在原始条件下,这与禁止食用图腾是同一回事);同一图腾氏族的成员相互之间禁止发生性关系。[1]

讨论至此,我们对于前面提及的一种事实也许会感到诧异,即在雷纳克的"图腾崇拜法则"中,两种最主要的禁忌之一——族外婚制——根本就没有被提及,而作为第

---

[1] 弗雷泽在其论述此主题的第二本著作(《图腾崇拜的起源》[*The Origin of Toiemism*],1899 年发表于《双周评论》[*Fortnightly Review*])中对图腾崇拜的描述赞同我在上文提出的观点:"因此,图腾崇拜通常被视为一种原始制度,这种制度既是宗教的又是社会的。作为一种宗教制度,它包含了原始人与其图腾的神秘结合,作为一种社会制度,它包括了同一图腾氏族中的男人和女人相互间的关系以及他们与其他图腾群体之间的关系。与图腾制度的这两个方面相对应的是图腾崇拜的两个虽粗略却方便的检验标准或准则;一是人们不能杀害或食用其图腾动物或植物的规则;二是男子不能与同氏族的女子通婚或同居的规则。"(J.G. 弗雷泽:再版于 1910 年,1,第 101 页)弗雷泽接着写道(这样就把我们推进了关于图腾崇拜的争论之中):"不论图腾崇拜的宗教属性和社会属性总是共同存在的还是基本上独立存在的,这都是一个具有各种不同答案的问题。"

二种禁忌的信仰基础,即原始人认为自己是图腾动物的后裔,也仅仅被一笔带过。不过,我之所以选择雷纳克(顺便提及的是,这位学者为这个主题的探讨作出了很有价值的贡献)的论述,其理由仅仅在于为我们了解不同权威在此主题上的不同观点作个准备——而现在,该是我们对这些不同观点进行讨论的时候了。

## 二

图腾崇拜构成了所有文化中的一个古代阶段这个结论越是变得无可争议,要求对其进行充分理解并对其本质属性之谜进行明确阐释的需要也就变得越迫切。与图腾崇拜相关联的一切问题似乎都让人困惑,下面是几个与之相关的具有决定性的问题:氏族成员是图腾的后裔这种观念的起源问题;(施行)族外婚制(或者不如说是乱伦禁忌,族外婚制只是其外在表现)的原因问题;图腾组织与乱伦禁忌这两种制度的关系问题。对这些问题的任何令人满意的解释都应该既是历史的又是心理学的。这些解释应该告诉我们这种特殊的制度是在什么条件下发展起来的,以及它体现了人们什么样的心理需求。

我敢肯定,我的读者在听到专家们从各种不相同的角度试图解答此问题而提出的迥然相异的观点时定然惊愕不已。在人们对图腾崇拜与族外婚制这个主题所能够提出的所有概括中,几乎没有一种能不被质疑。即使是我在前文从弗雷泽1887年出版的著作中摘录的阐述,也免不了遭受抨击,如认为它表达了当今学者(在此问题上)的随意性偏好,而事实上就是弗雷泽本人今天也不会赞同上述观点,他对此问题的看法也是经常改变的。①

如果能够更进一步地接近这两种制度的根源,我们就可以合理地认定,可以更好地达到对图腾崇拜和族外婚制的本质属性的理解。然而我们必须牢记安德雷·兰对此种关联性的忠告:即使是原始民族,他们也不会原样保持着这些制度以及产生出这些制度的条件,所以我们除了假设之外没有什么可以用来代替我们所缺少的观察资料。② 在一个心理学家眼中,(对此问题的)一些尝试性解释似乎一开始就是不充分的:它们太过理性,而且没有考虑到所要

---

① 他对自己观点的变化给出了如下令人钦佩的说明:"我还没有愚蠢到佯称自己对这些难以回答的问题得出的结论就是最终性的地步。我不断地改变自己的看法,而且,随着相关证据的每一次变化,我就会毫不迟疑地再次改变我的观点。因为一位坦诚的研究者就要像变色龙那样随着其周围事物颜色的变化而变换自己身上的颜色。"(J.G.Frazer,1910,1,xiii)

② "像图腾崇拜的起源这类问题的本质,远远超越了我们的历史考据或试验能力的范围,我们必须求助于推测来解决此问题。"(A.Lang,1905,p.27)"我们不会在任何地方看到完全的原始人,也看不到一个正在形成中的图腾制度。"(A.Lang,1905,p.29)

解释的问题的情感性特征。其他的一些解释则建立在那些无法由观察予以证实的假设之上。然而，其他学者所依赖的那些材料却可以从另外一种视角更好地予以解释。通常，批驳那些已经提出来的各种观点并非难事：权威们通常都是批评别人的著作要比评价自己的作品更加富有成效。那种建立在已产生的大多数观点之上的结论必定是不明确的（non liquet）。因此，人们不必惊讶：在关于此问题的大部分最新文献（在目前的研究工作中，这些文献中的大部分都被忽略而不予考虑）中，一种明显的趋势已经显露出来了，即拒绝对图腾问题作任何的总体性回答，因为它们就是无法解答的问题（例如，戈登威泽 [Gold-enweiser, 1910]）。在下文讨论这些相互冲突的假设时，我没有顾及它们产生的年代顺序。

## （一）图腾崇拜的起源

图腾崇拜的起源问题也可以用另外一种方式提出来：原始人以动物、植物和无生命物体之名来为自己（及其氏族）命名这种现象是如何发生的？①

麦克伦南这位为科学界发现了图腾崇拜和族外婚制（这种研究对象）的苏格兰人，禁止自己发表任何关于图腾

---

① 最初可能仅仅是以动物之名来命名的。

崇拜之起源的观点。根据安德雷·兰的说法，他曾经一度倾向认为图腾崇拜源自（古人的）纹身习俗。我则提出，应将已经发表的论述图腾崇拜之起源的理论划分为三组：（1）唯名论的；（2）社会学的；（3）心理学的。

**1. 唯名论的学说**

我对这些理论的叙述将证明我将它们都归于唯名论这个标题之下的做法是合理的。

加西拉索·德·拉·维加（Carcilasso de la Vega），一位秘鲁印加人的后裔，他曾在 17 世纪写了一本关于本民族历史的著作。他在这部作品中似乎已经将他所了解的图腾现象之起源归诸于氏族的一种需要，即他们感到应运用名字来作彼此的区分。[1] 数百年后，相同的观点被再次提出。基恩（Keane）[2] 将图腾视为"纹章"（Heraldic badge），个人、家庭及氏族可以借助它们来相互区分。马克斯－缪勒（Max-Mtiller, 1897, 1，第 201 页）[3] 再次表达了相同的观点："图腾就是氏族的标记，后来就作为氏族成员之祖先的名字，而最后则变成了氏族成员所崇拜的对象的名字。"尤利乌斯·皮克勒（Julius Pikler）随后撰文

---

[1] A.Lang, 1905, p.34.

[2] A.H.Keane, 1899, p.396；引自 A.Lang（1903，ix.f.）。

[3] Max-Mtiller, 1897, 1, p.201；转引自 A.Lang（1905, p.118）。

宣称："人类需要为群体和个人寻求一个能够固定于记载中的永久性名字……因此，图腾崇拜不是产生于人们的宗教需求，而是产生于其实践的、日常生活的需要。作为图腾崇拜之核心的系统命名法（nomenclature）就是原始书写技术的一个产物。就其本质而言，一个图腾就像一种很容易描绘的象形文字。但是，原始人一旦拥有某种动物的名字，他们就会继续产生与之结成亲戚的念头。"[1]

同样，赫伯特·斯宾塞（Herbert Spencer）也将命名视为图腾崇拜起源中的决定性因素。他论证说，特定个体的个性特征促进了人们以动物之名来称呼其自己这种观念的产生；而且，他们就是以这种方式获得其美名和绰号的，并将之传递给子孙后代。由于原始语言具有模糊性和难以理解性，所以其后代在解释这些名字时就将其误认为人实际上是来自动物的论据。图腾崇拜因此便被误解为祖先崇拜的形式。[2]

埃夫伯里勋爵（Lord Avebury）（他更为人所知的名字是其早年使用的约翰·卢伯克爵士）也对图腾崇拜之起源给出了一个非常相似的解释，尽管他并没有坚持误解性因素。他说，如果我们期望解释动物崇拜这种现象，就必

---

[1] Pikler, Somló, 1900. 这些学者将其对图腾崇拜之起源的尝试性解释形容为"对历史唯物论的一大贡献"。

[2] Herbert Spencer, 1870, 1893, pp.331–346.

须记住人类之名是如何经常取自动物之名的。一个叫"熊"或"狮"的人的后代和追随者自然会将其名转化为一个氏族的名字。从中引发出人们对待动物的方式,"起初是出于兴趣,后来是出于尊敬,最后则演变为一种敬畏"。①

对于这种认为图腾之名源自个体之名的观点,费森提出了一种似乎是无可辩驳的异议。② 他以澳洲的情况为例说明,指出图腾始终是"一个群体的象征而非某一个体的标记"。而且,即使真实情形不是这样,就算图腾最初是某一个体的名字,那它也绝不会传递给其后代——因为图腾是通过母系来传递的。

此外,我至今所讨论的那些理论显然是不充分的。它们也许说明了这样一个事实,即原始人采用了动物之名作为其氏族之名;但是它们并没有解释那附着在这种系统命名法(即图腾制度)之中的重要性。在被归入此组的理论中,最值得关注的是安德雷·兰所提出的观点。他虽然也将命名法视为此问题的中心,但是却引入了两个有趣的心理因素,并因此宣称可以找到最终解决图腾崇拜之谜的途径。

安德雷·兰认为氏族如何获得其动物之名最初是一个并不引人关注的问题。人们需要作出的倒是这样的假

---

① Lubbock, 1870, p171.
② Fison, Howitt, 1880, p.165;转引自 A.Lang, 1905, p.141。

定,即原始人在某一天激起了这样一种意识:他们拥有这些名字,但却不能够解释这些名字是怎么来的。名字的起源已被忘却。然后他们就试图凭借对其猜测而得到一种解释,而且考虑到他们深信名字的重要性,所以他们必定会将图腾制度中包含的所有观念都有所涉及。原始民族(也包括现代原始人,甚至是我们自己的孩子[①])并不像我们现代成年人那样将名字视为某种无关紧要和约定俗成的东西,而是将其视为重要的和必不可少的东西。一个人的名字是其人格中最重要的部分,甚至可能是其灵魂的一部分。一个原始人拥有和某种动物相同的名字这一事实必然会使他假定在他自己和那种特定动物之间存在着一种神秘的和重要的关联。还有什么其他联结纽带比血缘关系更重要的呢?一旦人们从名字的相似性中得出这种结论,血缘塔布(blood taboo)就会立即将所有的图腾戒律,包括族外婚制囊括进来。"只需具备这样三个要素——不知其来源的动物名字;相信具有相同名字的人兽之间有一种神秘的关联;对血缘有一种迷信式的信仰——就能够产生出所有的图腾信条和实践,包括族外婚制在内。"[②]

安德雷·兰的解释可分为两个部分。一个部分是从图腾具有动物名字这个事实——而且总是假设这种名字的起

---

[①] 参见上文关于塔布的讨论。
[②] A.Lang, 1905, p.125.

源早已被遗忘——求出图腾制度事实上是一种心理需要。其理论的第二部分则继续解释这些名字实际上是如何产生出来的，正如我们将要看到的那样，此部分具有一种同第一部分相比十分不同的特征。

安德雷·兰的理论中的这第二部分与我称之为"唯名论的"其他那些理论没有什么本质差别。对（相互）区分的实际需求迫使不同的氏族采纳了某些名称，他们因此默认了彼此称呼对方的名字。这种"无中生有命名法"是安德雷·兰所建构的理论的独特之处。用这种方式接纳的名字取自于动物这种事实无须特殊的解释，也没有理由认为这些名字在原始时期被视为是侮辱性的或嘲弄性的。另外，安德雷·兰还从后来的历史中引证了许多例子，其中，那些由外人所取的原本是用来嘲弄的名字后来却被对方接受了，而且是心甘情愿地采纳的，例如"流氓"（Les Gueux）、"辉格党（Whigs）"和"托利党（Tories）"。这种假设一些名字的起源在时间的长河中被渐渐遗忘了——将安德雷·兰的理论中的第一部分同我已经讨论过的其他唯名论学说关联在一起。

## 2. 社会学的理论

雷纳克虽然成功地在历史后来发展时期中的崇拜及习俗里发现了图腾制度的残迹，但是对于人是图腾动物之后裔这个因素却总是重视不够，他在一篇文章中颇为自信地评论道：在他看来，图腾崇拜只不过是"社会本能的一种过度膨胀"①。一种类似的观点似乎贯穿于涂尔干（Durkheim, 1912）一本著作。他论证道，图腾就是相关民族中社会宗教的明显代表：它是共同体的体现，而共同体才是人们崇拜的真正对象。

其他学者则试图为社会本能在图腾制度形成过程中所起的作用寻找一个更加明确的基础，例如 A.C. 哈登（A.C.Haddon）②就提出了这样的假设：每一个原始民族最初都是依赖于某种动物或植物来维持生存的，他们也可能是以本氏族的这种特殊食物与其他氏族进行贸易和交换的。这就必然会产生这样的结果，即这个民族就是以这种动物之名而为其他民族所熟知的，因为这种动物对于这个氏族来说是如此重要。与此同时，这个氏族也必定会对这种动物特别地熟悉，并对它产生了一种特别的兴趣，尽管这种兴趣是建立在除此之外没有比它更基本和更迫切的人类需求，即饥饿这种心理动机上的。

对于图腾崇拜的所有相关理论中最富"理性"的这种观点，人们批判道，这种食物状况从来就没有在原始民族中发现过，而且也可能从来就没有存在过。原始人是杂食

---

① Reinach, 1905–1912, 1, p.41.

② A.C.Haddon, 1902, p.745；引自 J.G.Frazer, 1910, 4, p.50。

性的，而且其生存条件越原始，这种杂食性就越明显。我们也很难看出人们如何能够从这样一种排他性的食物中发展出一种对待图腾动物的几近宗教般的态度来，最后竟达到对这种最受人喜爱的食物的绝对禁食的地步。①

在图腾崇拜起源问题上，弗雷泽在不同时期曾先后提出过三种理论，第一种理论是心理学的，我稍后将讨论它。我们在此讨论的是他的第二种理论，这种理论是在两位学者那部重要作品的影响下形成的，而这两位学者曾经在中部澳洲的土著中做过实地研究。

斯宾塞和吉伦（Spencer & Gillen，1899）描述了阿龙塔族（the Arunta Nation）的众多部落中存在的大量奇特仪式、习俗及信仰。弗雷泽赞同他们的观点，即这些奇特现象应被视为处于原始条件下的事物之特征，而且可能有助于人们认识图腾崇拜的起源和真正意义。

他们在阿龙塔部落（阿龙塔族的一部分）中发现了下列奇特现象：

（1）阿龙塔部落分成不同的图腾氏族，但是图腾不能传承，而是以我们就要描述的方式由每一位氏族成员自己决定。

（2）图腾氏族不实行族外婚制，但是对通婚的限制是

---

① 参见 J.G.Frazer，1910，4，p.51。

建立在对婚姻集团（marriage-classes）的高度发达的划分基础上的，这种划分与图腾无关。

（3）图腾氏族的功能在于举行某种仪式，这种仪式的目的是通过一种独特的巫术方法来增加可食图腾对象的数量。[这种仪式被称作因提休玛（intichiuma）]

（4）阿龙塔人有一种独特的关于受孕和转世再生的理论。他们相信有许多["图腾中心"（Totemcentres）]散布在乡村各处，在每一个这样的地方，都有一个图腾氏族的死者亡灵在那儿等待转世，他们会进入任何路过该地的妇女体内。当一个孩子出生了，其母亲便会公布她所认为的那使她怀孕的地点，孩子的图腾就此确定。他们还进一步认为，灵魂（不论是死者的还是再生者的）都与某种被称为"杵灵枷"（Churinga）的奇特石质护身符密切相关，这些护身符就是来自这些图腾中心的。

似乎有两个因素使得弗雷泽作出如下假定：阿龙塔的仪式构成了图腾崇拜的最古老形式。首先，有这样一种神话，他宣称阿龙塔人的祖先常常会吃掉其图腾，而且经常与其同一图腾氏族的女人通婚。其次，在其关于怀孕的理论中，显然忽略了性行为（的作用）。连怀孕是性交之结果这个事实都还没有发现的民族肯定可以被视为最落后最原始的民族。

通过将其对图腾崇拜的判断集中在因提休玛仪式之

上，弗雷泽立马就可以以一种全新的视角来观察图腾制度：他仅仅将其视为一种满足人类最自然之需要的实践组织形式。① 这种制度仅仅是一个关于大规模的"合作性巫术"（co-coperative magic）的例证而已。原始人建立了一种可以被描述为巫术的制造者和消费者联合体的制度。每一个图腾氏族都要承担保证充足提供某一特定食物的任务。而那些其图腾不可食（如危险的动物、雨、风等等）的图腾氏族则要担负起另外的职责，即控制那与之相关的自然力量并消除其伤害人们的可能性。每一氏族的成果都会对其他所有氏族带来益处。因为每一个氏族都有可能不吃其图腾，或只吃其图腾的极少一部分，这样就会给其他氏族提供有价值的物品，而它自己也可以将其成员作为社会图腾之义务而生产的物品拿出来交换。根据他从因提休玛仪式中所获得的认知，弗雷泽开始认为禁止食用自己的图腾这种禁忌妨碍了人们认识其中更为重要的因素，即尽可能多地生产某种可食图腾以满足其他氏族需要的这种指令。

弗雷泽接受了阿龙塔人的传统，即每一个图腾氏族最初都可以自由地食用其图腾。但是在理解其发展的下一个

---

① "这里面没有任何的模糊和神秘，也没有某些学者喜欢玩的戏法，即将形而上学的迷雾扩散到人类思想那谦卑的开端上，这和原始人那简朴的、感性的以及具体的思维方式是格格不入的。"（J.G.Frazer, 1910, 1, p.117）

阶段时，困难出现了：在此阶段，氏族成员要保证给其他氏族提供其图腾，他们自己则几乎完全放弃了对自己图腾的享用，但他们却对此并无不满。弗雷泽推测这种（对本族图腾的）禁制并非源自任何类型的宗教性防备措施，而可能产生于这种观察，即动物从不同类相食；而食其图腾则可能意味着对其图腾的认同作用的破坏并因此导致他们对其图腾控制能力的减弱。或者，这样做也可能是想通过放生这种方式以期获得其图腾的好感。然而，弗雷泽并没有掩饰这些解释的困难：他不敢贸然提出阿龙塔神话中的同一图腾氏族内部的通婚制是通过什么方式转变为族外婚制的。①

弗雷泽所提出的这种建立在对因提休玛仪式之观察基础上的理论，其成败取决于对阿龙塔人社会制度之原始特征的断定。但是，在面对涂尔干②和安德雷·兰提出的反驳面前，其断言看起来是站不住脚的。与之正相反的是，阿龙塔人似乎是澳洲部落中最为发达的一支，代表的是图腾崇拜的解体而非开始阶段。上述神话之所以给弗雷泽留下如此深刻的印象是因为与今天的状况形成鲜明对照的是，

---

① J.G.Frazer, 1910, 1, p.121.

② 参见《社会学年鉴》(*L'annee sociology*, 1898, 1902, 1905)；尤其是《论图腾崇拜》一文"Sur le totémisme", 1902, （第89页以下诸页）]。

它们强调人们可以自由食用其图腾以及同一图腾氏族内成员之间的自由通婚——这些神话可以很容易地被解释为出于人们主观愿望的幻想，正如黄金时代（Golden Age）的神话只不过是对过去的投射一样。

### 3. 心理学的理论

在熟知斯宾塞和吉伦的著作之前，弗雷泽就已经形成了他关于图腾崇拜的第一种具有心理学性质的理论，此论建立在原始人对"外在灵魂"（external soul）的信仰之上。① 根据这种观点，图腾代表着一个安全的避难所，灵魂可以在其中安居并因此躲避那些对其构成威胁的危险。当一个原始人将其灵魂安置在其图腾之中，他自己就是无法伤害的，因而他自然会避免作出任何伤害其灵魂栖居地的行为。然而，因为他并不知道其灵魂安居在哪一个特定的动物个体身上，因此对他来说不去伤害整个的相关动物种类就是合情合理的。

弗雷泽自己后来放弃了这种认为图腾崇拜源自对灵魂的信仰的理论；而且，在了解了斯宾塞和吉伦的著作以后，他就采纳了我已经讨论过的那种社会学的理论。但是他自己也意识到第二个理论中那源自图腾崇拜的动机太过"理

---

① 参见 J.G.Frazer, *The Golden Bough*, 1890, 2, p.332；也可参见 J.G.Frazer, 1910, 4, p.52。

性",而且它所意指的那种社会组织太过复杂而不适合用来描述原始社会的状况。①巫术性合作社会（magical co-operative societies）现在对他来说似乎是图腾崇拜的结果而非根源。他想通过寻找某些更简单的因素，某些隐藏在这些结构背后的原始迷信（观念）来探寻图腾崇拜的起源。最后，他在阿龙塔人那关于受孕的著名传说中找到了这种原初性因素。

正如我们已经解释过的，阿龙塔人排除了性行为和怀孕之间的关联性。在一位妇女感到她是一位母亲的那一刻，在那距其最近的、聚集了大量亡灵的图腾中心，一位正等待投胎转世的精灵进入了其体内。她体内的这个精灵就是她的一个孩子，而且这个孩子同正在那个特定图腾中心等待转世的所有精灵具有相同的图腾。这种关于受孕的理论并不能解释图腾崇拜，因为它已预设了图腾的存在。不过，且让我们向后退一步，假定这位妇女原本就相信的那些占据其脑海中的动物、植物、石头或其他物体，在其第一次感到她自己变成了母亲的那一刻真的进入到她的体内并在后来以人的形状生出来。在这种情形下，一个人与其图腾之间的同一性便可在其母亲的信念中找到一个事实性基础，

---

① "原始共同体不可能有意地将自然王国分成不同的地区，然后向每一个地区委派一些特定的巫师，并命令他们为了共同的利益施展其巫术，念动其咒语。"（J.G.Frazer，1910，4，p.57）

而所有保存下来的图腾禁律（除族外婚制）也就会随之产生。一个人拒绝食用这种动物或植物是因为这样做就等于吃他们自己。不过，偶尔地以某种仪式化的方式（与其他人）共享其图腾则是有理由的，因为借助于那种方式他们可以强化与其图腾的认同作用，而这种认同作用正是图腾崇拜的本质所在。W.H.R. 里弗斯对班克斯群岛（Banks' Islands）① 的土著进行的一些观察研究，似乎证明了人类与其图腾的直接认同作用就是建立在类似的受孕理论之基础上的。

因此，图腾崇拜的最终根源便在于原始人对于人和动物繁衍过程的无知，尤其是对雄性在繁殖中的作用的无知。这种无知必定是由于受精过程与孩子出生（或母亲第一次感受到胎动）之间的漫长过程所致。这样说来，图腾崇拜就是女性心理而非男性心理的产物：其根源就在于"孕妇的病态幻觉"。"在女人的生命历程中，在她知道自己即将成为母亲的那个神秘时刻里，任何能够真正触动她的事物都可能轻易地被她认同于自己体内的孩子。这种母性幻觉（maternal fancies）是如此自然又似乎是相当普遍，故看起来应该是图腾崇拜的根源所在。"②

---

① W.H.R.Rivers, 1909, p.173；引自 J.G.Frazer, 1910, 2, 4, p.59。

② J.G.Frazer, 1910, 4, p.63.

对于弗雷泽的这第三种理论，主要的反对意见与人们对其第二种理论或社会学的理论的反对意见完全相同。阿龙塔人似乎早已超越了图腾崇拜的初始阶段。他们对父亲地位的否认似乎不是源于原始人的无知，在某些方面，他们也使用父亲传承。他们牺牲父亲的地位似乎是为了要给其祖先的灵魂增添荣誉。[①] 他们将处女经由精灵受孕的神话扩展为一种普遍的受孕理论；但是这种理论没有说明为什么要将对受孕的决定性条件的无知归于他们的理由，正如基督教神话起源时代的古代民族的情形一样。

对图腾崇拜之起源的另外一种心理学理论是由一位名叫威尔肯[②]的荷兰人提出来的。这种理论将图腾崇拜与灵魂轮回（transmigrationofsouls）信仰联系起来。"那些身上栖居有死者灵魂的动物会受到人们的尊敬，因为人们倾向于认为它们会转化为其亲属、祖先等。"[③] 不过，似乎更有可能的是灵魂轮回信仰源自图腾崇拜而不是相反。

另外一种关于图腾崇拜的理论是由一些著名的美国人类学家提出来的，像弗朗兹·博厄斯（Franz Boas）、希尔-陶特（C.Hill-Tout）和其他人。这种理论是建立在对北美印第安人的图腾进行观察研究的基础上的，它主张图

---

① "这种信仰远非一种原始的哲学。"（A.Lang, 1905, p.192）

② G.A.Wilken, 1884, p.997.

③ 引自 J.G.Frazer（1910, 4, p.45）。

腾最初是某位祖先的保护神,他在梦中获得并将之传递给其后裔。我们已经知道了那种认为图腾是通过单个个体传承的观点会遇到什么样的困难;而且,除此之外,来自澳洲的证据也不会支持这种认为图腾是源自守护神的理论。①

这些心理学理论中的最后一种是冯特提出来的,它以两种事实作为其依据。"首先,最初的图腾以及后来最常见的一些图腾都是动物;其次,最古老的图腾动物和灵魂(寄居)动物(Soul animals)是同一的。"② 灵魂动物(例如,马、蛇、蜥蜴和老鼠)是灵魂适合的栖居地。灵魂离开人体之后,由于其运动速度极快,或者是通过空气飘荡,或者是具有其他的性质,因此很可能引起(人们的)惊奇和恐慌。图腾动物是在"气态灵魂"(breath-soul)向动物转型的过程中产生的。因此,根据冯特的观点,图腾崇拜与灵魂信仰,也就是说,与泛灵论有着直接的关系。

## (二)族外婚的起源及其与图腾崇拜的关系

我已经略为详细地陈述了关于图腾崇拜的不同理论。不过,即使如此,对这些理论的压缩仍是不可避免的,而且我担心这可能会对我后面的阐述带来损害。然而,为读者方便,对于下面的论述,我仍将大胆地使之更加简化。

---

① J.G.Frazer, 1910, 4, p.48.
② Wilhelm Wundt, 1912, pp.190–192.

关于图腾民族所施行的族外婚制的讨论，由于人们所使用材料之性质的缘故，使得这种讨论特别的复杂和漫无边际——甚至可以说是混乱不堪。本文的目的是要尽可能地做到：将本人的探索范围限制在对某些主要问题的争议上，同时给那些想要更深入地研究此问题的人们提供一些我经常引用的文献。

一位学者在论述族外婚这个问题时所采取的态度在某种程度上必然会依赖于他在面对各种各样关于图腾崇拜的理论时所采取的立场。有些对图腾崇拜的解释已排除了它与族外婚制的任何关联性，因此这两种制度（在他们看来）就是完全分离的。这样我们就发现了两种相互对立的观点：一种力求保持原来的假设，即族外婚制是图腾制度的一个内在组成部分，而另一种则是否认两者之间存在有任何的联系，并认为人类最古老文化中的这两个特征之间的交汇只是一种巧合而已。弗雷泽在其晚期作品中毫无保留地采纳了后一种观点，他写道："我必须请求读者始终牢记这一点，即图腾崇拜和族外婚制这两种制度在其起源和本质上都是根本不同的，尽管它们在许多部落中会偶然地交汇并混合在一起。"[1] 他提出了这样一个明确的警告，即（提出）与之相对立的观点必然会引起无止境的困难和误解。

---

[1] J.G.Frazer, 1910, 1, xii.

相反，其他的学者则发现了一种将族外婚制视为图腾崇拜之基本原则的一个必然结果的方法。涂尔干已经提出了这样的观点，即那些附着在图腾上的塔布中必定包括有禁止与同一图腾氏族的女子发生性关系的禁忌，同一图腾氏族的男子具有同一血缘，因此对流血（和处女失贞及月经有关）的禁忌就会禁止他与同一个图腾氏族的女子发生性关系。① 安德雷·兰赞同涂尔干在此问题上的观点，认为即使没有任何的流血塔布，禁止与同一图腾氏族的女子发生性关系的禁忌仍然有效。根据安德雷·兰的观点，（只要有）一般性的图腾塔布（例如，禁止一个男子坐在其图腾树下）就足够了。顺便提及的是，他把这种观点和另外一种对族外婚制的解释之关系复杂化了，并且忽略了对这两种解释是如何相互关联之问题的说明。

关于这两种制度产生的时间顺序问题，大多数的学者都赞同图腾崇拜要早于族外婚制，后者是后来才产生的。②

在那些力求说明族外婚制是独立于图腾崇拜的理论中，我只关注少数几个有助于理解不同学者对待乱伦问题之态度的理论。

---

① 参见 J.G. 弗雷泽对涂尔干观点的批评。
② 参见，例如，J.G. 弗雷泽（J.G.Frazer, 1910, 4, p.75）："图腾氏族和外婚族（the exogamous clan）是完全不同的，而且，我们有充分的依据认为图腾氏族要比后者古老得多。"

麦克伦南从某些风俗遗迹中巧妙地推断出族外婚制是早期抢婚（marriage by capture）实践发展的一个产物。他提出了这样一个假设：在最古老的时期，男子从其他群体中抢获妻子就是一种普遍的习惯，因而与自己群体中的女子通婚的做法就逐渐地"被认为是不合适的，因为这种婚姻是不常见的"。族外婚之所以普遍流行，他是以下述假定来予以解释的，即由于大多数女婴在出生的时候就被杀死，从而导致了原始社会中女人的缺乏。在此，我们并不关注麦克伦南的这些假设在多大程度上能被所发现的事实所支持这个问题。我们更感兴趣的是这种事实，即他的假设没能解释为什么一个群体中的男性成员拒绝让自己接近其同族中那所剩不多的女子——这个事实说明了他完全忽略了乱伦问题。①

相反，其他一些研究族外婚制的学者将族外婚制看作一种防止乱伦的制度，因而显然更加公正些。② 只要考虑到澳洲人的婚姻禁忌中逐渐增加的复杂性这个事实，人们便不可能不接受摩尔根、J.G. 弗雷泽、豪伊特和斯宾塞等人的观点，即这些规范具有（用弗雷泽的话说）"有意设计的印迹"，其目的是想得到他们事实上已经获得了的结果。"似乎（除此之外）没有其他可能的途径来

---

① J.G.Frazer，1910，4，pp.71–92.

② 参见本书的第一章。

解释一个很快就变得如此复杂和如此正规的制度的所有详情。"①

我们观察到一种非常有趣的现象：通过引入"婚姻集团"的划分而产生的第一种禁忌所影响的首先是年轻一代的性自由（即兄弟姐妹之间以及母子之间的乱伦），而父女之间的乱伦只是在这些规范进一步扩展之后才被禁止。

但是，外婚制的性限制是人们有意识施加的这个事实并不能说明那导致人们实施他们的动机。若必须将乱伦畏惧视为族外婚制的根源，那么乱伦畏惧的根源又是什么呢？运用人们对血亲之间的性行为存在着本能的厌恶，也就是说，通过诉诸存在着乱伦畏惧的事实来对其予以解释的做法显然是不能令人满意的。因为社会经验事实表明：尽管可以假设这种本能存在，但即使在我们今天的社会中，乱伦也并非不是一种常见的事件；而且，我们通过历史上的事例知道，具有特权的人们之间的乱伦性婚姻（incestuous marriage）事实上是一种惯例。

韦斯特马克以下列依据来解释乱伦畏惧："从小就生活在一种非常亲密关系中的异性，长大以后其间就会存在着一种对性交的内在厌恶；而且，这些人在大多数情况下都

---

① J.G.Frazer，1910，4，p.106.

有血缘关系，因此，这种厌恶感在风俗和法律中自然而然地就会表现为一种对近亲之间性关系的畏惧。"① 哈夫洛克·埃利斯尽管不赞同这种厌恶本能的说法，但还是支持这种解释的要点："兄弟姐妹之间或者青梅竹马的姑娘与小伙之间的配对本能（pairing instinct）通常不会表现出来；它之所以只是一种消极现象是由于在那种环境中必然不会存在那些能激发配对本能的条件。……在那些从小一起长大的人们之间，所有的视觉、听觉及触觉上的感官刺激由于习以为常而变得迟钝，它们被训练成人之常情，而且被剥夺了能唤起产生性欲高潮的兴奋增强能力。"②

在我看来颇值得注意的是，韦斯特马克所认为的从小在一种亲密无间的环境中长大的人们之间对性交所具有的那种内在厌恶，也可视为近亲繁殖会伤及种族延续这种生物学事实在心理学上的等价表达。这种生物本能在心理上的表现绝不会深深陷入这种迷途之中，即它不仅适用于血亲之间（其间的性行为可能会伤及人类繁衍），也影响到那些根本不存在这种危害的人们之间的性行为，这仅仅是因

---

① 他在同一章里对于人们提出来反对其观点的各种各样的反对意见都给予了答复。

② Havelock Ellis, 1914, Sexual Selection in Man, Philadelphia, p.205.

为他们共同生活在同一个家庭的缘故。我又禁不住要提到弗雷泽对韦斯特马克理论那令人钦佩的批评。弗雷泽发现下列观点是无法解释的，即一方面说今天的人们几乎不会对家庭成员之间的性关系持有任何性嫌恶，而另一方面根据韦斯特马克的理论乱伦畏惧只是源自这种性嫌恶，所以在今天这种性嫌恶减少或没有时，乱伦现象应该是大量地增加的。而弗雷泽的另外一些评论则更加深入，因为它们与我在论塔布的论文中所提出的观点基本一致，故在此予以全文照录：

> 人类的某些深层次本能为何需要法律来强化，看清这一点并非易事。没有命令人们吃喝的法律，也没有禁止人们将其双手放到火中的法律。人们要吃喝，让双手远离火源是出于自然的恐惧而非法律的严惩。法律只禁止人们依其本能倾向于去做的事情；自然本身禁止和惩罚的事情，法律再对其加以禁止和惩罚就显得多余。因此，我们总是可以很有把握地认为，法律所禁止的罪行正是很多人在自然倾向的推动下所犯的罪行。如果没有这种倾向，也就没有这种罪行，而如果没有这种罪行，那还有什么必要去禁止它们呢？因此，不能假定法律禁止乱伦，就存在着一种对乱伦的自然反感。我们应该假定的倒

是：存在着一种赞同本能的自然本能；而且，如果法律像压制其他自然本能那样对它也予以压制，那是因为文明人已经得出了这样的结论，即这些自然本能的满足将对社会的一般利益造成伤害。(Frazer, 1910, 4, 第97页以下诸页)

我可以给弗雷泽这些精彩的论证作一点补充，即精神分析学的发现使得那种认为存在着一种对乱伦性行为的内在厌恶的假设彻底站不住脚。相反，它们倒是证明了：人类幼年时的那些最古老的性兴奋必然具有一种乱伦性特征，而且在这些冲动被压抑以后，它们仍能在后来的生活中作为神经症的内在动力发挥着怎么高估都不为过的作用。

因此，必须抛弃这种将乱伦畏惧解释为一种内在的厌恶本能所致的观点。另外一种被广泛接受的、从法律禁止乱伦的角度予以解释的观点也好不到哪儿去。根据这种观点，原始民族很早就注意到了近亲繁殖对其种族延续所构成的威胁，而且就是因为这个原因，他们才有意识地接纳了乱伦禁忌。人们对此理论提出了大量的反驳。[①] 不仅乱伦禁忌要早于人类对任何动物的驯养——物种驯养才可能

---

① 参见 Durkheim, 1898, p.33。

使人观察到近亲繁殖对种族特性的影响,而且即使在今天,近亲繁殖所造成的有害后果仍未确切地确定,也很难在人类之中得到证明。另外,我们对当代原始人类的所有了解都表明了,认为他们最远古的祖先已经考虑到那使其后裔免遭伤害的问题是非常不可能的。事实上,将我们现代文明中都极少考虑的卫生与优生这类动机归诸于那些毫无远见的原始人类几近荒唐。①

最后必须指出的事实是,建立在卫生这类实践动机基础上的近亲繁殖禁忌,若以它易于导致种族衰弱为根据,那么用它来解释我们社会中表现出来的那种对乱伦之根深蒂固的憎恶似乎是很不充分的。正如我在其他地方所表明的,②这种感情在现代的原始民族中甚至比在文明民族中更加活跃也更加强烈。

人们在此可能会再次期望我们能够在社会学的、生物学的和心理学的解释中作出我们的选择。(此处的心理动机也许应被视为生物力量的表现)虽然如此,我们在这探讨的最后也只能赞同弗雷泽所选择的结论。我们对于乱伦畏惧的起源一无所知,我们甚至不能告诉大家按照什么方向去寻找它。人们对乱伦畏惧之谜所提出来的所有解决方案

---

① 关于原始人,达尔文写道:他们"不可能思虑到其后裔很久以后所遭遇的灾祸"。(Darwin, 1875, 2, p.127)

② 参见本书第一章。

似乎都不能令人满意。①

无论如何，我必须提及另外一种试图解开此谜团的尝试。它是一种与我们迄今所考虑过的任何一种理论都十分不同的、可以描述为"历史学的"理论。

这种理论尝试建立在达尔文关于原始社会状态的假设之上。达尔文从高级类人猿的生活习性中推断出人类最初也是生活在比较小的群体或游牧部落中，其中，年龄最大最强壮的雄性出于嫉妒而阻止了其成员之间的性乱行为。"我们的确可以根据我们对所有雄性四足动物的了解——它们具有强烈的嫉妒心，其中大部分以尖牙利爪为特殊武器与其对手争斗——推论出自然状态下的性乱行为是非常不可能的。……因此，如果我们在时间的长河中尽量地回溯……从人类现存的社会习惯来判断……最有可能的看法就是：原始人类最初是生活在小群体之中的，每一个男子拥有许多妻子，只要他能够得到并养活得起；他也会出于嫉妒而预防其他男子对她们的染指。或者，他可能独自与几个妻子生活在一起，就像大猩猩那样；因为所有土著都'同意在一个群体中只能有一个成年男性；年轻男子长大以

---

① "因此，族外婚制的最终根源，以及与之相伴的关于乱伦的法律（因为族外婚制就是为防止乱伦而被创制出来的）几乎仍然和以前一样是一个晦暗的问题。"（J.G.Frazer, 1910, 1, p.165）

后，一场争夺控制权的斗争就会发生，最强壮者通过杀死和驱逐其他男子的方式来确立其在群体中的首领地位。'①那些被驱逐出群体而四处流浪的年轻男子最终也会成功地找到其伴侣，这样就阻止了同一家庭内部过于亲近的近亲繁殖。"②

似乎是J.J.阿特金森（J.J.Atkinson）第一个认识到，达尔文所描述的原始群落中的那些条件必然会导致年轻男性选择族外婚这种实际后果。他们中的每一个在被逐出原群体之后都有可能建立一个类似的群体，在此群体中，由于其首领的性妒忌，也会施行相同的禁止性乱行为的禁忌。随着时间的流逝，一种明确的法律就会从中发展起来，同一家庭成员禁止发生性关系在图腾崇拜被确立起来以后，这种规范就表现为另一种形式并发挥作用："同一图腾氏族的成员之间禁止发生性关系。"

安德雷·兰接受这种对族外婚制（之起源）的解释。然而，在同一部著作中，他又支持另一种理论（即涂尔干提出的理论），根据这种理论，族外婚制是图腾法律的一个产物。要将这两种观点协调起来则有一点困难：因为根据第一种理论，族外婚制产生于图腾崇拜之前，而根据第二

---

① Dr.Savage, *Boston Journal of Nat.Hist*, Vol.v, 1845—1847, p.423.

② Darwin, 1871, 2, p.362.

种理论，族外婚制却是源自图腾崇拜的。①

## 三

精神分析学的洞察力给人们在此问题上的不明状况带来了一线光明。

儿童和原始人在其与动物的关系上存在着大量的相似性。孩子们对待动物没有丝毫傲慢之态，而正是这种傲慢使文明社会的成年人在他们自己和其他动物之间划出了一条不容更改的界线。孩子们对于让动物和他们保持完全平等的关系这一点毫无顾虑。因为他们在坦承自己的肉体需

---

① "如果真如达尔文先生的理论所表明的那样，族外婚制在图腾信仰给这种习俗增添一种神圣戒律的色彩之前就已经实际地存在着，那我们的任务也就相对容易些。第一种实际规则就是那充满嫉妒的雄性祖先（the Jealous sire），'禁止其他男子染指我辖区内的女子'，其已成年的儿子们也不例外。时光荏苒，这种规则也就变成了习俗：'同族群内禁止通婚。'紧接着，让当地各族群各命其名，例如鸸鹋、乌鸦、小袋鼠、鹈等。这样，规则又变成了这种形式：'具有同一动物之名的同族群内禁止通婚，鹈族人禁止与鹈族人通婚。即使原始族群不是实行族外婚制，但是只要图腾神话和禁忌从动物、植物以及当地族群的其他名字中产生了出来，他们也就变成了族外通婚。"（A.Lang，1905，p.143）另外，在其对这个主题的最后讨论中，安德雷·兰声称他已经"放弃了族外婚是一般性图腾禁忌的一个产物的观点"。

要方面是无拘无束的,他们无疑会感到自己与动物而不是其长辈更加亲近,后者对他们而言很可能是一个谜。

不过,在儿童与动物之间极其良好的关系中也不时地会出现一种奇怪的裂痕。一个孩子会突然地开始惧怕某些特定种类的动物,并避免触摸或看到任何的此类动物。一种动物恐惧症(animal phobia)的临床症状出现了,这种恐惧症很常见,也许是童年期发生的心理—神经疾病的最早形式。与这种恐惧症相关的动物通常是儿童此前最感兴趣的动物,而且与此类特定动物的任何个体无关。能够成为生活在城里的孩子的恐惧症对象之动物并不是很多,像马、狗、猫之类,鸟类则不太常见,另外还有极常见的一些小动物,像甲壳虫和蝴蝶。在这些恐惧症中有时候表现出一种无意义的和过分的恐惧,与此相关的动物只是孩子们从图画书和童话中知道的。在一些非常罕见的场合下,我们能够发现是什么东西导致孩子做出这种不寻常的选择的。感谢卡尔·亚伯拉罕(Karl Abraham)告诉我这样一个病例,此病例孩子自己解释他之所以惧怕黄蜂是因为其颜色和条纹使他想起了老虎,而大家都说老虎是一种让人惧怕的猛兽。

尽管非常值得研究,但至今仍然没有对儿童的动物恐惧症的详尽分析。这种忽视无疑是由于分析如此幼小的孩子存在着很大困难的缘故。因此,我们不能声称自己对于这些疾病的一般意义有所了解，而且据我自己的看法，从这种研究中产生出的可能不是千篇一律的特性。不过，一些指向较大动物的此类恐惧症已经证明了能够对其进行分析，孩子们也向调查者透露了其秘密。所有病例显示出的共同点是：涉及的都是男孩，他们心中的恐惧都与其父亲有关，他们只不过是将其父亲移置到动物身上而已。

每一位具有精神分析经验的人毫无疑问都遇到过这类病例并从中得到了相同的印象。然而我只能引述少数几个已经出版的对此问题详细研究的作品。这种文献的稀少是一种偶然的情况，并不能就此推定我们的结论是建立在少数几个零星观察的基础上的。例如，我可能提及的一位学者是一位敖德萨人武尔夫博士（Dr.M.Wulff），他对儿童期的神经症有着精深的研究。他在对一位九岁男孩的病史分析报告中说，这位小患者在四岁时就得了恐犬症（Dog-phobia）。"当他有一次看到一只狗从大街上跑过时就大哭大叫：'亲爱的小狗，不要咬我！我是一个乖孩子！'这里的'乖'他意指的是'没有干坏事'（not playing on the fiddle），即没有手淫。"① 他解释道："这个小男孩的恐犬症实际上是将其对父亲的恐惧移置到小狗的身上，因为他很

---

① M.Wulff，1912，Beifräge zur infantilen Sexualilä, p.15.

奇怪的叫喊'小狗，我是个乖孩子'——是针对其父亲的，因为他父亲曾禁止他玩弄生殖器。"沃尔夫补充了一个与我的观点完全一致的内容，并同时证明这类经历是经常发生的："根据我的观点，此类恐惧症（对马、狗、猫、鸡以及其他家禽家畜的恐惧症）在童年期中至少是和夜惊（pavor noctumus）一样常见；而且，经过分析，它们几乎概不例外地都显示出是孩子将其对父亲的恐惧移置到动物身上的结果。我还不准备将这相同的机制应用到更广泛存在的恐鼠症上。"①

我最近发表了一篇论文：《关于一位5岁男孩之恐惧症的分析》（"Analysis of a Phobia in a Five-Year-Old Boy"），其中所使用的资料就是由那位小患者的父亲提供的。这位小男孩患了恐马症，结果他拒绝上街。他表现出这样一种恐惧，即马会闯进屋里咬他。分析揭示出这必定是对他曾期望马儿倒下（即死去）的惩罚。经过再次保证后，小男孩对父亲的恐惧消失了，最终的根源很清楚，即他一直在和内心里想要父亲离开（外出旅行，死去）的愿望作斗争。他将其父亲视为（正如他说得相当明白的那样）与其争夺母亲好感的竞争对手；他那正在萌发的性欲望的含糊预示正是指向其母亲的。因此，他便处于一个小男

---

① M.Wulff, 1912, p.16.

孩对其父母的典型态度——我们给这种态度取了一个名字叫"俄狄浦斯情结"（Oedipus Complex）——之中，我们并且将这种态度大体上视为神经症的核心情结。我们从对"小汉斯"的分析中了解到新的事实——与图腾崇拜有着重要的关系——是在这种情况下，孩子将他的某些情感从其父亲身上移置到动物身上。

精神分析能够探索出这种移置作用所经过的联想途径：包括偶然的途径也包括那些具有重要内容的途径。精神分析也能够使我们发现这种移置作用的动机。一个小男孩身上产生的对其父亲的仇恨源自对其母亲的争夺，这种仇恨不可能达到对其心理的无限控制的程度；这种仇恨不得不与他原来所建立起来的对父亲的爱和敬佩这类情感作斗争。孩子通过将其心里的这种敌意和畏惧情感移置到其父亲的替代者身上的方式来使自己从对父亲的爱恨两方面之矛盾性情感态度中产生的冲突中解脱出来。然而，这种移置作用并不能够终止这种冲突，它不可能在爱与恨这两种情感之间实现一种明确的分离。相反，这种冲突在他与移置对象的关系中再现出来：上述矛盾性情感扩展到它的身上。毫无疑问，小汉斯不仅害怕马，他也怀着崇敬和兴趣去接近它们。一旦他的焦虑开始减少，他就使自己认同于这种可怕的动物：他开始像马儿一样蹦蹦跳跳，现在轮到他反咬父亲了。① 在治疗其恐怖症的另外一个阶段,他会毫不犹豫地将其父母等同于某些其他大型动物。②

可以公正地说,在这些孩子的恐惧症中,图腾崇拜的某些特征再现了出来,只不过倒转为其否定形式了。然而,我们应感谢费伦茨(Ferenczi)提供的一个有趣的病历史,它是惟一可以描述为在一个孩子身上出现肯定性图腾崇拜的例证。的确,在此病历中,小阿培德(Árpád,费伦茨报告中的主人公)的图腾兴趣(totemic interests)并不直接产生于其俄狄浦斯情结,而是以其自恋式先决条件,即阉割恐惧(the fear of castration)为基础的。而任何仔细考察过小汉斯故事的读者都会发现,大量的证据表明:小汉斯也崇敬其父亲有一个大生殖器并害怕他会威胁到自己的。父亲在俄狄浦斯情结和阉割情结(the castration complex)中所扮演的角色是相同的,即儿童性兴趣的可怕敌人。其威胁性的惩罚是阉割,或其替代物:致盲(blinding)。③

当小阿培德两岁半时,当时是在暑期,他有一次试图

---

① Sigmund Freud, 1909a, p.194.
② 存在于其长颈鹿幻想中,参见 S.Freud, 1909a, pp.179–182。
③ 关于致盲对阉割的替代——这种替代在关于俄狄浦斯的神话中也出现过——参见 Reitler(1913), Ferenczi(1913b), otto Rank(1913)以及 Eder(1913)。

向鸡窝里撒尿，不料却被一只鸡咬或啄了他的生殖器。一年以后，当他故地重游时，他自己似乎变成了一只鸡；他惟一的兴趣就是待在鸡舍旁，而且由于总是待在那儿，他放弃了人类语言而喜欢学鸡的咯咯咕咕叫声。当他被人们进行精神分析的观察时（当时他已5岁了），已经恢复了说话，但是他的兴趣及谈话内容全部是与鸡和其他家禽有关的，它们是他惟一的玩具，他只唱歌词中提到鸡的儿歌。他对待其图腾的态度是极其矛盾的：因为他对其同时表现出极端的恨与爱。"对他来说，宰杀鸡禽就是一个经常性的节目。此时，他会围绕着被杀死的鸡极度兴奋地跳上几个小时。"而此后，他则会亲吻和敲打那只被杀死的鸡，或者清洗和爱抚那些被他虐待的玩具鸡。

小阿培德自己保证不再隐瞒其奇怪举止的意义。他不时地将自己的愿望从图腾语言翻译成日常生活中的语言。"我父亲就是一只公鸡，"有一次他这样说；而另一次他又那样说："我现在还小，还是一只小鸡；当我长大一点，就会成为大些的鸡；而当我长大以后，我就变成了一只大公鸡。"还有一次他突然说他想吃点"清炖妈妈"（Fricassee of mother）（类似于清炖鸡块）。[①] 他总是毫不吝啬地以阉割来威胁别人，就像他自己曾经因为玩弄生殖器的行为而

---

① S.Freud, 1909a, p.249.

受到大人的威胁那样。

毫无疑问，根据费伦茨的看法，小阿培德的兴趣是源自鸡舍中发生的系列事件："公鸡和母鸡之间不断的交配，母鸡下蛋并孵出小鸡这些事件满足了他的性好奇，尽管其性好奇的真正对象是人类的家庭生活。"① 他（的行为）表明他已经根据鸡的生活模式形成了他自己对性对象的选择，因为他有一天对一位邻居的妻子说："我要娶你和你的妹妹，我的三位堂（表）姐妹以及厨师，哦，不，不是厨师，我要娶的是我的妈妈。"②

稍后我们将对这种观察的价值作出一个更加全面的评价。而目前我只想强调其中的两个特征，他们提供了其与图腾崇拜之间很有价值的一致性。这两个特征是：这个小男孩与其图腾动物③之间完全的认同作用以及他对其图腾动物的那种矛盾情感态度。在我看来，这些观察资料向我们证明了：（在男性的）图腾崇拜程式里，图腾动物就是父亲的替代者。我们将会观察到，向前迈出的这一步并没有表现出什么新东西，也不是什么特别的大胆之举。确实，

---

① S.Freud，1909a，p.250.
② S.Freud，1909a，p.252.
③ 根据弗雷泽的观点（J.G.Frazer，1910，4，p.5），这种认同作用构成了"图腾崇拜的全部本质"："图腾崇拜就是人与其图腾的一种认同作用。"

原始人自己就表达过与此完全相同的特征，而且，凡是图腾制度在今天仍起作用的地方，那里的人们就仍然将其图腾描述为其共同的祖先和原始之父（primal father）。我们所做的一切只不过是对他们所使用的表述从字面上加以评价而已，人类学家在这方面贡献甚微，因此，他们很乐意将之置入其研究的背景中。相反，精神分析则教导我们特别重视这一点，并将其作为我们对图腾崇拜之尝试性解释的出发点。①

我们所谓的替代作用的第一个后果是最为引人注目的。如果说图腾动物就是父亲，那么图腾崇拜的两条首要戒律，也就是构成其核心的两条塔布禁忌——不可杀害图腾和不得与同一图腾氏族中的女子发生性关系——就在内容上与俄狄浦斯的两大罪行——弑父娶母——以及儿童的两个原初欲望完全一致了。而对这两种欲望的不彻底的压抑或者它们的再次复苏也许正好构成了所有心理神经症的核心。如果说这种等同不是一种误导性的投机取巧，那么，它必能使我们对那存在于遥不可及的过去时代中的图腾崇

---

① 我必须感谢兰克（Otto Rank）使我注意到一位聪明的年轻人身上存在的恐犬症。此人对其获致此症的解释方式与我在本书前文提及的阿龙塔人的图腾理论看起来极其相似：他认为（其病源于）他曾在其父亲那儿听说的一件事，即他的母亲在怀着他的期间曾被一只狗重重地惊吓过一次。

拜的起源问题提出一种全新的阐述。换言之,它可以使我们把图腾制度视为与俄狄浦斯情结相关联的诸条件的一个产物——正如小汉斯的动物恐惧症和小阿培德的家禽倒错症(poultry perversion)的例子所揭示的那样。为了探索这种可能性,我们将在下文中不得不去研究图腾制度(或者,我们也可以称之为图腾宗教)的一个特征;我至今还鲜有机会提及这种特征。

## 四

威廉·R. 史密斯(William R. Smith)——于1894年去世,集物理学家、语文学家、《圣经》批评家和考古学家于一身,他是一位兴趣广泛、目光敏锐和思想自由的学者——在其《闪米特人的宗教》(Religion of the Semites)一书中提出了这样的假设:一种被称为"图腾餐"(totem meal)的奇特仪式从一开始就构成了图腾制度的一个必不可少的部分。当时他只能找到一条证据来支持其理论:一份来自五世纪的对此类仪式的记载。但是通过对古代闪米特人献祭仪式特征的分析,他使其假设具有了很大的可能性。因为献祭意指着一种神圣性,所以这就变成了一种反向论证的问题,即从一个相对高级的宗教仪式阶段反推到一个较低级的图腾崇拜阶段。

现在，我试图从威廉·R. 史密斯那本令人钦佩的著作中提取其中关于献祭仪式的起源和意义的论述，这些论述对我们来说具有决定性的意义。在这样做时，我必须略去所有的细节——尽管它们总是如此令人着迷；我也将忽略其所有后来的发展状况。对于这样的摘要性介绍来说，要想让读者感受到原著的清晰性和说服力是十分困难的。

威廉·R. 史密斯解释说，祭坛上的牺牲是古代宗教仪式的本质特征所在。① 它在所有的宗教中扮演着相同的角色，所以其起源必定可以追溯到那些在所有地方都以相同方式发挥作用的非常普遍的原因之上。献祭这种非同寻常的（par excellence）神圣行为（sacrihcium, ἱερουργία）最初具有某种不同的意义，然而在后来人们却使之变成了一种为了告慰神或向神讨好的供奉手段了（该词后来的非宗教性用法就是来自"自我克制"这种次要的意义②）。我们可以证明，开始的时候献祭只不过是"一种表示神与其崇拜者之间友好关系的行为"而已。③

为献祭提供的祭品都是一些可食或可饮的东西，人们把他们自己赖以为生的东西敬献给神，像肉类、谷物、水

---

① William R. Smith, 1894, Lectures on the Religion of the Semites, London, p.214.

② William R. Smith, 1894, p.180.

③ Ibid., p.224.

果、酒和油等。只有以肉类作为祭品时才存在着一些限制和例外。神与其崇拜者共享祭祀动物，而植物类祭品则是单独献给神的。毫无疑问，祭祀动物是更为古老的，而且最初是惟一的祭品。植物类祭品产生于人们的这种习惯性做法，即将第一次收获的东西献给那被认为对收获有助益的土地之神和大地之神；但是动物类祭品却比农业的出现早得多。①

语言中残留的过去的遗迹可以确定下述事实，即人们献给神的那部分祭祀品最初被视为就是神原本所需要的食物。只是当神的物质性本质渐渐减弱，上述观念才成了一种绊脚石。为了避开这种观念，人们后来就只给神敬献流体食物。再后来，火的使用为人们提供了一种将人类食物处理得更加适合神的本质的方法，即将祭坛上的肉类祭品进行炙烤而化作青烟升至神处。②人们向神敬献的饮品最初都是祭祀动物的血，后来被酒所取代。在古代，（葡萄）酒被认为是"葡萄的血"，现代的诗人们也是这样描述的。③

因此，在人类掌握火的使用方法和了解农业知识之

---

① William R. Smith, 1894, Lectures on the Religion of the Semites, London, p.222.

② Ibid., p.224, 229.

③ Ibid., p.230.

前，最古老的祭品形式就是动物，它们的肉和血为神与其崇拜者所共享。每一个献祭仪式的参加者都必然会分得一份这样的东西。

此类献祭仪式是一种公共庆典活动，一种由全民族成员共同庆贺的节日。一般说来，宗教就是共同体的一种公共事务，宗教职责就是社会义务的一部分。凡是献祭活动中有一场盛宴的地方，那里的庆宴也少不了有一种献祭活动在其中。这种献祭性盛宴是这样的一种场合，其中，每一位个体成员都纵情狂欢，它所强调的是存在于他们之间，他们和神之间的相互依赖关系。①

这种公共的献祭性盛宴的伦理力量所依据的是一种关于共同吃喝的重要意义的非常古老的观念。与某人一起吃喝是对其伙伴关系和相互的社会义务的象征和确认。这种献祭性盛宴所直接表达的只不过是这样一种事实，即神和其崇拜者是"共餐者"（commensals）；但是这种关系中已经包含了其相互关系的其他所有方面在内。生活于沙漠地区的阿拉伯人中依然在起作用的那些风俗表明：共餐中的联系纽带不是宗教因素而是"吃"这种行为本身。任何与这些贝都因人（Bedouin）中的一员哪怕在一起只吃过极少的食物或者只喝过他的一口牛奶的人都不必再害怕他

---

① William R. Smith, 1894, Lectures on the Religion of the Semites, London, p.255.

会将其当作敌人，反而会感到在其保护和帮助之下的那种安全感。不过，这种关系有其时间限制；严格来说，只有当他们共餐时吃下的食物仍保留在其体内时才会如此。这是对团结纽带的一种现实主义的看法。它还需要不断地重复以达到对这种关系的确认并使之长存。①

但是，为何要将这种团结力量归诸于共同吃喝的行为上呢？在原始社会中，只有一种联结纽带是绝对的和神圣的，此即亲属关系。这种情谊具有完整的一致性。"亲属是一群在生活上紧密地关联在一起的人，这种群体之所以应当称作一种物质性整体，是因为他们每一个人都被视为一种共同生命体的组成部分……阿拉伯的部落成员在看到杀人的场景时不会说'M 或 N 流血了'，不会叫出流血者的名字，而是说'我们流血了'。希伯来人在宣称其亲属关系时所使用的词语是'我是你的骨，你的肉'。"因此，亲属关系意指对一个共同实体的分享。所以下述说法就是很自然的，即亲属关系不仅仅建立在一个人曾是其母亲身体的一部分，她把他生下来并用自己的乳汁哺育他这样的事实之上，而且因为他的身体可以通过后来所吃的食物而获得成长和强化从而使之不断地更新。如果一个人和他的神共享一份食物，那他就是表达这样一种确信，即他们是同属

---

① William R. Smith, 1894, Lectures on the Religion of the Semites, London, pp.269–270.

某一实体的；而且他从来不会和一个被其视为陌生者的人共餐。①

因此，献祭性共餐最初就是一种亲属间的宴会，这与（图腾）法律中只有亲属才能共食的规定是一致的。在我们的社会里，家庭成员是共同进餐的；但是献祭性共餐与家庭没有什么关系。亲属关系是一种比家庭生活更古老的关系，而且从我们对大部分原始社会的了解来看，家庭中并非只包含着具有亲属关系的成员。一个男子和另外一个氏族的女子结婚后其子女继承的是其母亲所在的氏族，所以此男子与其妻子的那个家庭的成员之间是没有任何共同的亲戚的。在此类家庭中不存在共餐行为。一直到今天，现代原始人仍是分开来独自进餐的，而且图腾崇拜中关于宗教性食物的禁忌也经常使其不可能与他们的妻子和孩子们共同进餐。②

现在让我们回到献祭性动物的问题上来。正如我们已经知道的那样，没有任何一个氏族的集会中没有某种祭祀动物，除了那些仪式活动外，也没有在这种氏族集会中不宰杀任何动物的——这一点现在变得重要起来。尽管人们在消费猎物和家畜的乳汁时并无任何的顾虑，但是宗教性

---

① William R. Smith, 1894, Lectures on the Religion of the Semites, London, pp.273–275.

② Ibid., pp.277–278.

顾虑却使得个人不可能因为其私人的目的而宰杀家畜。①威廉·罗伯逊·史密斯说,(原始人)对下述说法不会有丝毫的怀疑,即宰杀动物的行为最初对于氏族的个体成员来说是非法的,只有当整个氏族对此行为承担责任时它才是正当的。据我们迄今所知,早期氏族所认识到的行为中只有一种行为与此行为相符合,此即那些冒犯部落血统之神圣性的行为。事实上,任何一个部落成员都不允许侵犯那只有经过部落全体成员同意并共同行动才能作为祭品的那个生命,此生命与部落同胞的生命具有同等的重要性。下面的两种规则,即献祭性共餐的每一位参加者都必须分食一份牺牲之肉和驱逐一位犯了罪的部落成员必须经过部落全体成员来施行,具有相同的意义。② 换言之,作为祭祀用的动物被人们视为其部落的一员;祭祀性群体(the sacrificing community),包括神以及作为祭祀用的动物在内具有相同的血缘关系,共属同一氏族的成员。

威廉·罗伯逊·史密斯提出了大量的证据来证明那作为祭祀用的动物和原始的图腾动物就是同一种动物。在稍后的古代时期里有两类祭品:其中一种是人们习惯于食用的家畜,另一种则是不常见的动物,它们是不洁的,也是

---

① William R. Smith, 1894, Lectures on the Religion of the Semites, London, pp.280–281.

② Ibid., pp.284–285.

禁止人们食用的。后来的调查研究表明：这些不洁动物是神圣动物，它们之所以被选择作为牺牲敬献给神是因为它们是神圣的，是因为它们本来就与神本身具有相同的神圣性，而通过献祭的方式，神的崇拜者就在某种程度上强调了它们与这些动物以及神之间的血缘关系。① 但是在更早的时期，人们并未区分出普通的及"神秘的"牺牲。最初，所有的[祭祀性]动物都是神圣的，其肉都是禁食的，只有在举行全族人都参与的仪式时，大家才可以享用之。宰杀[此类]动物就等于让整个部落流血，只有在不会引起谴责的小心防备和保证的条件下方可实施此类行为。②

驯养动物和家畜养殖的引入似乎结束了各地原始时代的那种严格而纯粹的图腾崇拜制度。③ 但是，人类仍在驯养动物身上保留着的那种神圣特征——它后来仍可见于游牧时期的宗教（pastoral religion）中——足以使我们清晰地推断出其原初的图腾性质。即使是在古典时代晚期，许多地方的仪式还规定主持献祭的牧师在举行完仪式后必须逃走，这样做似乎是要避开某种报应。古希腊曾经

---

① William R. Smith, 1894, Lectures on the Religion of the Semites, London, pp.290–295.

② Ibid., pp.312–313.

③ "其推论是，图腾崇拜必然导致动物驯养（在有动物可驯养时），而动物驯养反过来又对图腾崇拜产生了致命的影响。"（F.B.Jevons, 1902, p.120）

一度流行过杀牛是一种犯罪的观念。在雅典的布弗尼亚（Buphonia，即"杀牛"）节上，献祭之后人们总要举行一次固定的审判，而所有的仪式参加者都被称为证人。审判结束后，人们一致赞同应将谋杀之罪责归诸于那把杀牛刀上，这把刀也因此被投入大海之中。①

尽管神圣动物因其具有的氏族成员身份而使其生命受到人们的保护，但是氏族里时不时地举行的神圣共餐仪式必须宰杀它们中的一员，以其血、肉来供氏族成员分享。驱使这种行为的动机揭示出献祭本质的最深层意义。我们知道，在后来的历史中，不论何时人们在一起共享某种食物，只要当那些分享者吞下这些食物，他们之间就会建立起一种神圣的联结关系。在古代，似乎只有在人们参与分享了某种神圣不可侵犯的（sacrosanct）牺牲时才会产生此种结果。"考虑到只有以这种方式才能获得神圣的结合，而这种结合将使得崇拜者与其神之间产生或保持着一种活生生的联结纽带；只有这样，牺牲之死的神圣奥秘才能得以合理化。"②

这种联结纽带只能是祭祀动物的生命，它就存在于那被作为圣餐分配给所有参与者的祭祀动物之血肉中。此种

---

① William R. Smith, 1894, Lectures on the Religion of the Semites, London, p.304.

② Ibid., p.313.

观念就是后来的历史中人们歃血为盟的做法的根源所在。这种将血亲关系完全等同于实体的教条式方式使我们很容易理解，那种通过共进圣餐的自然过程来时不时地更新其血亲关系之做法的必要性。①

在此，我要中断对威廉·罗伯逊·史密斯研究思路的综述而以最简洁的术语来重述其主旨。随着私有财产观念的确立，祭品逐渐被人们视为奉献给神的礼物，就像一种由人到神的财产转移。但是这种解释却遗漏了这种献祭仪式所有的独特性。在最古老的时代，作为牺牲的动物其本身就是神圣的，因而其生命是不可侵犯的，只有当所有的氏族成员都参与到这种行为中并在神的面前共担其罪责时才可以宰杀这种动物，以便他们能够获得这种神圣之物并分享之，从而保证他们彼此间的认同以及他们与神的认同。献祭是一种圣事，作为牺牲的动物本身就是氏族的一员。事实上，古代的图腾动物就是原始社会的神本身；通过对其宰杀并分享之，氏族成员就能获得更新并保证其与神之间的相似性。

威廉·罗伯逊·史密斯通过这种对祭品之本质的分析而得出了如下结论：在人类崇拜人格化的神祇之前的时期里，人们对图腾动物的定期宰杀与食用一直是图腾宗教的

---

① William R. Smith, 1894, Lectures on the Religion of the Semites, London, p.319.

一个重要因素。① 他指出,这种图腾餐仪式亦可见于较晚些时候关于献祭仪式的描述。圣尼鲁斯(St.Nihis)记载了公元四世纪末生活在西奈沙漠(the Sinai Desert)地区的贝都因人中盛行的一种献祭仪式。作为牺牲的动物是一只骆驼,"它被绑在一个石头垒成的简陋祭坛上,当崇拜者在其首领的带领下唱着歌围着祭坛庄严地转过三圈以后,该首领才向祭品刺出第一刀……并匆忙地去喝那喷涌而出的鲜血。紧接着所有人一起挥刀扑向祭物,从那尚在颤抖的肉体上割下块块鲜肉,然后吃下。从晨星②升起作为这种仪式的标志,到它完全消失在那阳光之中作为仪式的结束,在这短短的时间内,整个骆驼,从肉体到骨头、皮毛,从血液到内脏,都被吞食殆尽。"③ 所有的证据都表明,这种带有远古时期所有标志的野蛮仪式并非孤立的例子,而是在所有地方图腾祭祀普遍采用的原初形式,尽管在后来的发展中它在许多方面都发生了变化。

许多研究权威都拒绝承认这种图腾餐概念所具有的重要性,因为人们对处于图腾崇拜层次上的仪式所作的任何直接观察都未能支持它。威廉·罗伯逊·史密斯自己倒

---

① William R. Smith, 1894, Lectures on the Religion of the Semites, London, p.295.

② 祭物正是献给它的。

③ William R. Smith, 1894, p.338.

是指出了一些例子，其中关于祭品的神圣意义这一点似乎是可以保证的：例如，阿兹特克人（Aztecs）的人祭，以及其他一些让人想起图腾餐之情景的例子。如美洲奥塔瓦[Ouataouak（Otawa）]部落中的熊族的熊祭和日本阿依努人的熊宴。[1] 这些例子以及另外一些类似的例子，弗雷泽在他那部伟大作品的第五部分曾有过详细的论述。加利福尼亚的一支美洲印第安人部落崇拜一种大猛禽（一种秃鹰），他们每年都要在一个庄重的节日里杀死一只这种大鸟，在对其悼念完毕后，人们将它的皮和羽毛保存起来。[2] 新墨西哥的祖尼族印第安人（Zuni Indian）以类似的方式对待被他们视为神圣的海龟。[3]

我们在中部澳洲土著部落的因提休玛仪式中观察到了一个与威廉·罗伯逊·史密斯的猜测极其一致的特征。在施行巫术使本族图腾（这种图腾本氏族成员一般是禁食的）繁盛时，每一个氏族都必须在其图腾被其他氏族得到之前的仪式期间吃一小块本族图腾。[4] 根据弗雷泽的观点，在西非比尼人（Bini）的葬礼中可以看到以圣餐式的方式食

---

[1] William R. Smith, 1894, Lectures on the Religion of the Semites, London, p.295.

[2] Ibid., p.170.

[3] Ibid., p.175.

[4] J.G.Frazer, 1910, 1, p.110.

用平日被禁食的图腾的最明显例子。

因此，我建议采纳威廉·R.史密斯提出的假设：原始人神圣宰杀并共食其图腾动物，而这种享用在其他所有场合中都是被禁止的，这种现象是图腾宗教的一个重要特征。①

## 五

我们不妨回想一下我们一直在讨论的这种图腾餐的场景，并用一些我们还未来得及考虑的可能特征来对其予以补充说明。一个氏族以下列方式来进行其庆祝仪式；残忍地宰杀图腾动物，然后将其血肉连着骨头生吞下去。所有氏族成员都在现场，他们装扮成其图腾的样子，模仿其声音和动作，似乎正在寻求强化与其图腾的认同。每一位氏族成员都明白他正在进行的行为是禁止个人单独做而只有经过全族人共同参与才是合法的行为，氏族的任何成员都不能缺席这种宰杀和欢宴。当欢宴过后，人们又对被杀动物表示哀悼和悲痛。这种哀悼活动是强制性的，是出于对

---

① 我并非意识不到对这种祭祀理论的反对意见，它们是由不同的学者提出来的。例如 L.Marillier（1898，p.204），Hubert，Mauss（1899，p.30），等等。但是他们并没能在任何重要的程度上削弱威廉·罗伯逊·史密斯所提出的那种假设给人们带来的深刻印象。

可能遭致的威胁性惩罚的恐惧而实施的。正如罗伯逊·史密斯所提到的一个类似的例子所表明的,这种哀悼的主要目的是推卸宰杀的责任。①

但是哀悼活动之后紧接着的就是节日狂欢:人们的每一种本能都解除了束缚,并能获得所有的满足。我们可以在此轻易达到对节日性质的理解。节日就是一种允诺,更确切地说是一种义务,一种逾越,是一种对禁忌之神圣性违背。人们作出这些逾越之事并不是因为他们感到快乐(这种快乐也并非他们接受了某些指令所致),毋宁说这种逾越性就是节日的本质所在——人们正是在自由地去做通常不能做的事情时才会产生出节日感的。

然而,我们应如何理解这种节日狂欢的前奏,即对图腾动物之死的哀悼行为呢?如果说氏族成员因为杀死了其图腾——这种行为通常是被禁止的——而欢欣鼓舞,那么他们又为何要在其死亡之后对之哀悼呢?

正如我们所看到的那样,氏族成员通过共享其图腾而获得了神圣性:他们强化了其与图腾以及他们相互之间的认同作用,他们的节日感以及从中产生的一切都可由下述事实予以解释,即他们已经将那以图腾为载体的神圣生命纳入自己的体内。

---

① William R. Smith, 1894, p.412.

精神分析已经揭示出：图腾动物实际上就是父亲的替代者。而这与下述矛盾性事实是相一致的，即尽管宰杀图腾动物通常是被禁止的，但是对其宰杀却又变成了一种节日场面——这种事实简单说来就是：宰杀它，然后再哀悼它。这种矛盾情感态度在今天仍然构成了我们孩子身上的父亲情结的典型特征，它也经常保留在成人的生活中；它还似乎扩展到那作为父亲之替代者的图腾动物身上。

现在，如果我们将精神分析对图腾的分析、图腾餐这种事实以及达尔文关于人类社会之远古状态的理论结合在一起，那么一种对它们进行更加深刻理解之可能就会呈现出来——我们提出的这种假说初看起来似乎是荒诞不经的，但它确实有助于我们在那些迄今仍是互不关联的诸种现象之间建立起一种毋庸置疑的相关性。

当然，达尔文的原始群落理论并未涉及图腾崇拜之起源问题。我们所能发现的是：一位暴烈而又充满嫉妒的父亲，他独占了所有的女人，并将他那些长大了的儿子全部赶了出去。人类社会的这种远古状态从未进入学者们的视野。实际上，我们偶然见到的那种最原始的社会组织——在今天的某些部落中，这种社会组织依然运行着——是由若干男性群体组成的，这些男性群体又是由一些具有相同权利的成员构成的，他们必须遵循图腾制度的那些禁制，这其中就包括母系继承制。这种形式的社会组织有没有可能是从其他（社会）组织发展而来的？如果是，那它又是沿着什么样的路径发展的？

若求助于图腾餐这种庆典仪式，我们就能够找到一种答案。假设有一天，①那些被父亲驱逐出来的兄弟们聚在了一起，联合杀死并分食了其父亲，这样就终结了那种父权制的群落组织形式。通过联合，他们终于有勇气去做并做成了单凭他们个人的力量无法做成的事情。（也许是，某些文化的进步，像掌握了某些形式武器，给予了他们一种拥有至上力量的感觉。）对于同类相食的原始人来说，在杀死了其牺牲者之后将其分食这一点是没有任何问题的。那位暴虐的原初之父无疑是兄弟们畏惧和嫉妒的对象；通过分食他的行动，他们也完成了对他的认同作用，而他们中的每一个人也都获得了他的一部分力量。图腾餐（也许就是人类最早的节日）也因此成为对这种难以忘却的犯罪行为的重复和纪念，它也是人类许多事物的开端，像社会组织、道德戒律以及宗教等。②

---

① 为了避免可能的误解，我必须请求读者注意下一个注释的最后几句话，以之作为对此描述的补正。

② 这种看起来如此荒谬的假说认为那位暴虐的父亲被他自己放逐的儿子们联合起来推翻并杀害，我们也可以从J.J.阿特金森（J.J.Atkinson, 1903, p.220）关于达尔文的原始群状态理论的论述中得到一种直接的暗示："这位家长只有一个让其惧怕的敌人……那就是一群被迫生活在一起并保持单身，或者至多共享某些单个女俘的年

（接上页）轻一代的兄弟们。在其还未发育成熟时，他们是弱小的，但是他们的力量却是与日俱增的；他们必然会向那位暴君发动一次次的联合攻击，从他手中夺回养子和新生活。"阿特金森碰巧一生都是在新苏格兰度过的，这就使得他拥有研究土著生活之得天独厚的条件和机会。他同时也指出，达尔文所设想的原始群落中的那些盛行的状况，在野生的牛群和马群中也很容易地观察到，其中的头牛或头马也通常被咬死。（同上书，第222页以下诸页）他进一步假定，那位暴虐之父被废黜之后，该群落也因为那些获胜的兄弟之间更加激烈的争斗而解体。因此，任何新的社会组织的建立都会受阻，因为在那位独裁的暴君父亲被杀死之后，"一场绵延不断的暴力冲突又会接踵而至，儿子们那弑父的双手很快又会在兄弟间的残杀纷争中攥紧了拳头"（同上书，第228页）。阿特金森未受过精神分析的任何启示，也对威廉·罗伯逊·史密斯的研究一无所知，但他仍发现了一个介于原始群落与下一个社会阶段之间的那个较少暴力的过渡时期，在此阶段，男性成员共同生活在一个和平的共同体中。他认为，通过母爱的介入，儿子们——开始只是最幼小的，后来也渐渐地将其他的包括进来——才被允许留在群落之中，而为了回报这种容留，儿子们通过放弃对其母亲和姐妹的性权利而承认了其父亲的性特权。（同上书，第231页及以下诸页）

这就是阿特金森提出来的值得高度关注的理论。它与我的观点在本质上是一致的。我们之间的分歧在于：他的理论未能将其与其他许多论题相互关联起来。

我在上文的论述缺乏精确性，如省略了时间因素，压缩了整个主题的内容等。我之所以这样做，也许可归诸于本论题之性质需要有所保留。在这样的问题上追求精确是愚蠢的，而坚持一种确定性也同样是不公平的。

为了使下文的那些推断显得更加合理，我们不妨将其前提搁置一旁，而只需假定：在那些狂暴的兄弟帮中充满了矛盾情感，这种相同的情感，我们也可以在我们的孩子以及神经症患者身上存在着的矛盾性的父亲情结中发现。他们憎恨其父亲，因为他扮演的是一个他们在渴望获得权力和性满足过程中的可怕阻碍者的角色；但是，他们同样爱戴和敬重他。在他们将其除掉之后，他们对他的憎恨情感得到了满足，想与之认同的愿望也实现了；但此时那曾被排斥在一边的爱戴之情又必然会在他们的心中浮现出来。① 这种爱之情感会以悔恨的形式表现出来。一种罪感也油然而生。在此例中，这种罪感与整个群体都感受到的那种悔恨是一致的。那死去的父亲反而变得比其生前更强大——因为，直到今天，我们仍可在人类事务中经常见到该事件所产生的影响。从那时起，父亲生前禁止他们做的事情，现在由儿子们自己予以禁止了，这和我们非常熟悉的、在精神分析学中被称之为"延迟性服从"（deferred obedience）的心理过程是一致的。他们通过禁止杀害那

---

① 这种新的情感态度也必定会因为下列事实而得到支持，即这种弑父行为并不能使那些弑父者们得到彻底的满足。从某种观点看，这种弑父行为是一种徒劳。事实上，儿子中没有一个能实现其初始愿望：取代其父亲的地位。而且，正如我们所知，这种失败更多地体现在道德反应而非满足感上。

作为其父亲之替代者的图腾来消解其弑父行为，他们通过放弃对那些已获自由的女人的性权利来否认其弑父的成果。他们就这样从其带有罪感的孝敬中创立了图腾崇拜的两条最基本的禁忌，也正是因为这种缘由，他们与俄狄浦斯情结中两种被压抑的愿望必然会形成一种对应关系。不论谁背离了这些禁忌，谁就犯下了原始社会那仅有的两宗大罪。①

作为人类道德之开端的图腾崇拜中的两种基本禁忌，其在心理学上的地位并不是完全相等的。其中的第一条，即保护图腾动物的律法，完全是建立在情感动机之上的：事实上父亲已经被消灭，这种弑父行为在任何真实的意义上都不能被取消。而第二条规则，即乱伦禁忌，则具有一种坚实的实践基础。性欲不是将人们联合起来的力量，反而是分裂的力量。虽然众兄弟们为了推翻其父亲的统治而团结在一起，但是在事关女人的问题上他们仍然是对手。他们中的每一个人都曾希望能像父亲那样独占所有的女人。新的社会组织将会在这场所有人反对所有人的争斗中崩溃，因为这些争斗者中没有一个具有一种压倒性的力量从而能够成功地取代其父亲曾占据的那种地位。因此，如果他们想共同存活下来，这帮兄弟别无其他选择，除非设立

---

① "谋杀和乱伦，或者说对血缘的神圣律法的触犯，是原始社会中仅有的为共同体所认可的罪行。"（W.R.Smith, 1894, p.419）

禁止乱伦的法律——也许，这是他们在经历了许多次危机之后才作出的选择。通过乱伦禁令，他们全都放弃他们想要得到的女人，而这些女人正是他们与父亲决裂的主要动机。他们就是以这种方式挽救了那曾使他们的群落强大无比的社会组织形式——这种组织可能是建立在同性情感和行为的基础上，也许是源自他们被驱逐出群落的那个期间。巴霍芬（Bachofen, 1861）所描述的母权制，也许就萌芽于此；这种母权制被后来的父权制的家庭组织所取代。

另一方面，那种宣称应将图腾崇拜视为人类趋向于宗教的首次尝试的观点正式建立在这两条禁忌的第一条的基础之上，即建立在保护图腾动物之生命的基础上。在那些儿子们的心中，图腾动物就是取代其父亲的一个自然且明显的替代者。不过，他们施加于自己身上的对待图腾动物的方式所表达的却不仅仅是展示其悔恨之情的需要。他们通过与这种代理父亲（surrogate father）的关系来试图缓解那煎熬着他们的犯罪感，而且试图与父亲达成一种和解。可以说，图腾制度就是他们与父亲之间的一种誓约，其中作为父亲的要向儿子们承诺在其孩子式的幻想中可能从一位父亲那儿得到的一切——保护、关心和娇纵；而作为儿子这一方，他们则要担负起尊重其生命的职责，也就是说，不能再重演那曾毁灭了其真正父亲的弑父行为。另外，图腾崇拜还包含着一种自我辩护的企图，"如果我们的父亲曾经以图腾对待我们的那种方式来对待我们,那我们也绝不会起念要杀害他"。图腾崇拜就是以这种方式帮助人们使问题得以缓解并使人们能够忘却那曾经导致图腾崇拜产生的弑父事件。

那些此后对宗教的本质特征持续产生决定性影响的因素就这样产生出来了。图腾宗教产生于孝敬性罪感（the filial sense of guilt）,出于一种缓解这种罪感并以对父亲的延迟性服从的方式来平息其愤怒的企图。所有后来的宗教都可看作是对解决同一问题的不同尝试。它们的不同在于其产生于不同的文明阶段以及采取了不同的方法；但是所有宗教的目的是相同的,而且都是对那肇始文明的伟大事件的反应形式——因为自从该事件发生后,人类就没有了片刻的安宁。

还有另外一个特征,它在图腾崇拜中就已经出现,后来又在宗教中原封不动地保留着。矛盾情感的张力显然太过强大,以至于任何人为的设计都无法与之相抗衡；或者可能的是,心理条件大多不利于根除这些对立的情感。然而,也有可能的是,我们发现那些隐含在父亲情结中的矛盾情感在图腾崇拜和宗教中是普遍存在的。图腾宗教不仅包含了悔恨的表达和赎罪的企图,它也被当作一种对战胜父亲的纪念。出于对此胜利的满意,人们建立了图腾餐这种纪念性节日,在此节日时间,延迟性服从的那些禁制不再有效。因此，在以图腾动物为牺牲的献祭仪式中一次次地重复弑父的罪行就成了一种应尽之责；因为，每当生活条件发生了变化，它就会带来如下结果，即弑父之罪所产生的珍贵成果——窃取父亲的属性——有消失的危险。我们在宗教后来出现的产物中有如下发现并不感到奇怪，即其中的孝敬性反叛（filial rebelliousness）常常以极其怪异的伪饰和变形呈现出来。

迄今为止，我们已经追踪了人们对待父亲的"爱"的情感取向的发展历程，正如我们在宗教和道德戒律（这种道德戒律在图腾崇拜中并不是十分突出）中所发现的那样，这种爱戴之情转化成了悔恨之情。但是我们千万不能忽略了这种事实，即这种情感基本上是和那导致弑父的冲动共存于弑父的胜利中的。此后的很长一段时间里，那种社会性的兄弟之情（这种情感是整个社会转型的基础）继续对社会发展产生着深远影响。对血缘纽带的神圣化，对同一氏族中所有生命之团结的强调，都是这种情感的表现方式。兄弟们以此保证彼此的生命，并宣称不能再用他们曾使用过的联合起来对付其父亲的方式来对付他们中的任何一个人。这样他们就排除了重蹈其父亲覆辙的可能性。在那以宗教为基础的禁止杀害图腾的禁忌之上，人们现在又添加了以社会为基础的禁止兄弟相残的禁忌。只是在过了很长一段时间之后，这种禁忌才不再局限于同一氏族的成员之间并呈现为这样一种简洁形式:"不可杀人"(thou shalt do no murder)。父权制群落(patriarchal horde)第一次被兄弟制氏族(fratema clan)所取代,后者的存在是以血缘纽带来保证的。现在,社会是建立在共同犯罪的共谋之上,宗教是建立在罪感(悔恨之情附着其上)之上;而道德则是部分建立在这种社会的迫切需要之上,部分建立在这种罪感的悔罪要求之上。

这样,精神分析学的观点就与那些论述图腾制度的较晚近看法发生了矛盾,但是却与那些较早的相关论点保持了一致,它要求我们去作如此假定:图腾崇拜与族外婚制是密切相关的,而且两者具有同一来源。

## 六

大量强有力的动机抑制着我不要去试图描绘宗教从其起源时期的图腾崇拜直到其今天的状况这一发展历程。我以下的论述将仅仅沿着两条路径展开,我能够特别清晰地说明其发展过程,因为它们始终贯穿着下述模式:始终是围绕着图腾献祭以及父子关系这个主题来展开的。①

---

① 参见荣格(C.G.Jung, 1912)的讨论,在其决定性的看法中,某些方面是与我的观点相异的。

威廉·R.史密斯已经向我们表明了古代社会中的图腾餐仪式再现了献祭仪式的原初形式。此类行为的意义是相同的，即通过参与共餐而得到神圣化。只有所有的圣餐参与者团结一致才能使之有所缓解的罪感依然保留了下来。新出现的东西是氏族神（the clan deity），人们只有在假定它在场的情况下才会举行献餐仪式，它仿佛就像氏族的一员而参与共餐，而且那些共享圣餐者正因为它的存在而获得了认同。此神是如何在一个它原本陌生的环境中成神的？

答案也许在于：与此同时产生了神的概念（其来源未知），并且这种概念控制了整个的宗教生活；也可能是，像其他一切幸存下来的事物一样，图腾餐也不得不寻找一个与新制度的连接点。不过，对人类个体的精神分析中一些十分特殊的例子告诉我们，每一个人的神都是依其父亲的形象而构造出来的，他与神之间的人身关系要依赖于他与其父亲在肉体上的关系，而且前者随着后者的波动而发生改变。说到底，神只不过是一位被提升的父亲而已。和对图腾崇拜的讨论一样，精神分析也要求我们相信那些信徒就是称神为父的，正如图腾被称为部落的祖先一样。如果说还有什么东西值得精神分析学关注，那么神的概念中父亲这个因素就是其中最重要的一个——关于神的概念的其他来源和意义，精神分析学并不存有什么偏见，在这方面，精神分析学没有什么好说的。因而在原始社会的献祭仪式中，父亲就代表着双重意义：一次是代表神，一次则是代表作为牺牲的图腾动物。而且，即使人们只承认精神分析学那有限的几种解释，他们还是必然会问：这种解释是否可能？这种解释又具有什么意义？

我们知道，在神和神圣动物（图腾或者作为牺牲的动物）之间存在着多重关系：(1)每一位神通常都只享用一种（常常也会是几种）动物；(2)在某些特别神圣的献祭仪式——"神秘的"献祭——中，牺牲必须是该神专享的动物；(3)在图腾崇拜时代过去很长时间之后，人们崇拜的神仍经常以动物的形象出现（或者换一种角度看，是动物被人们当作神来崇拜）；(4)在神话中，神经常将自己变成动物，而且经常变成他所享用的那种动物。

所以，下述假设似乎就是合理的：神本身就是图腾动物，而且它是宗教情感在后来阶段中发展出来的一个产物。但是，除非考虑到图腾只是父亲的替代者这种事实，否则我们就没有必要对其作进一步的讨论。因此，尽管图腾可能是替代父亲（father-surrogate）的第一种形式，因为神是后来才产生的，所以父亲在其中又恢复了其人的形象。只要在历史的长河中，人类与其父亲的关系，或者也许还包括人与动物的关系发生了某些基本的变化，那么像神这样一种创造物从构成每一种形式的宗教之根源处产生出来就有可能发生，它源自人类对父亲的渴望。

即使我们将由于动物驯养而导致的人类在心理上开始对动物疏远以及图腾崇拜制度的崩溃撇在一边，这类变化发生的迹象还是很容易就能看出来。在父亲被消灭以后出现的那种事态中，有一种因素在时间的长河中必定会导致人们对父亲渴望的大量增加。那帮联合起来弑父的兄弟中的每一个人都曾受到过要成为父亲那样的人的愿望的激励，并通过在图腾餐上分享其父亲的替代者的方式来表达此种愿望。但是由于兄弟氏族作为一个整体而对每一位圣餐的参与者施加了群体压力从而使这种愿望不可能实现。即使那是他们所有人都曾经力求获得的东西，但是他们中却没有一个人能够或者可能在未来再次达到其父亲曾拥有的至上权力。这样，在时间漫长的流逝过程中，他们心中那曾驱使其做出弑父行为的对父亲的怨恨慢慢减弱了，而他们对父亲的渴望之情则在不断增加。于是，一种体现那位原初之父无限权力的理想就有可能出现了，他们曾经与这位父亲争斗，而现在则对其心悦诚服。作为这些具有决定意义的文化变迁的一种结果，那些曾在所有氏族个体成员中盛行的原始民主式平等就变得不堪一击了，而与此同时另一种倾向则应运而生，它建立在对某些特定的人类个体之崇敬的基础上，并通过创造神的概念而复活了古代那理想的父亲形象。这种将人变成神或垂死的神的观念在今天的人们看来似乎是荒诞不经的，但是即使是在古典时期，这其中也没有任何能引起人们憎恶的东西。① 将一位曾经被谋杀的父亲提升为神——整个氏族宣称他为其祖先——是一种远较古代之人与图腾誓约更为庄重的赎罪企图。

我无法指出，那伟大的母神（the mother-goddesses）是在这个发展过程中的哪一个时刻产生的，而只能说她们的产生大体上要比父神（the father-god）早。不过，有一点似乎是确定的，即人们对父亲态度的变化并不局限于宗教领域而是以一种前后一贯的方式延伸到人类生活的另外一个方面：社会组织（父亲的被消灭曾对其产生过深刻的影响）。随着父神（father-deities）的引入，一个失去了父亲的社会就逐渐地转变为一个建立在父权制基础上的有组织的社会。家庭又恢复了过去那原始群落的老样子，原来父亲的大部分权利又重新归还给了父亲们。虽然说社会中又有了父亲，但是兄弟氏族社会所取得的那些社会成就并未被抛弃，而且，家庭中新的父亲们与那位不受限制的原初之父之间的鸿沟宽得足以保证人们的宗教渴望得以持续，保证人们心中

---

① "对我们现代人来说，人与神之间的嫌隙已经深化为一种不可逾越的鸿沟，这种模仿可能显得不够虔诚；但古人们并非如此。在他们的观念里，人和神是同族的，因为许多家庭都自认为他们是某位神祇的后裔；而且，人的神化之于他们正如追封圣徒之于现代天主教教徒一样，没有什么值得大惊小怪的。"（J.G. 弗雷泽，1911a，2，第177页及以下诸页）

那不能平息的对父亲的渴望得以持续。

因此,我们将会看到,(原始人)在氏族神之前所举行的献祭场景中,父亲实际上代表着双重角色:既作为神又作为图腾动物。但是,在我们试图理解这种情景时,我们必须警惕此类解释:它们试图将其转换成一种二元的(思维)方式,仿佛它是一种寓言似的;而且,它们却不知这样做时早已遗忘了其历史层次。父亲的双重显现对应着这种祭祀场景中时间上的两种连续。人们对待父亲的矛盾情感态度在其中找到了一种弹性的表达方式,这样,儿子们对父亲的爱戴情感也就战胜其对父亲的敌对感情。父亲失败的场景,其惨败的景象,则变成了表现其至上胜利的素材。毫不例外,那被归诸于献祭仪式的重要性在任何地方都存在于这样的事实之中,即人们用那些曾使其父亲遭受暴行的相同行为来纪念其弑父行为,想以此来抚慰父亲。

随着时光流逝,动物失去了其神圣的特征,而献祭仪式也失去了与图腾宴的关联性,这种仪式变成了一种仅仅向神提供供奉的单纯行为,一种取悦神的自我克制行为。神自身也变得高高凌驾于人类之上,人们只有通过祭司这种"中介"才可接近于它。与此同时,神圣的君王在社会组织中出现了;父权制也被引入国家政权之中。必须承认,那位被废黜又复位的父亲对人类的报复是极其严厉的:权威统治就是其(报复的)顶峰。那些臣服的儿子们则利用这种新的制度来达到使其自己进一步摆脱罪感的目的。他们无论如何也不愿再对目前的献祭仪式承担任何责任。是神自己要求人们献祭，也是它自己控制着献祭。这就是我们在神话中看到的那个阶段，在此阶段，神自己宰杀供奉给它们的动物，而这种动物实际上就是它们自己。在此，我们看到了人类对弑父大罪最极端的否认，而这种大罪正是社会和罪感的肇始。不过，这最后一种献祭图景中显然还有第二种意义。它表达了人们对于那早先的替代父亲的抛弃并转而支持至高无上的神的概念这种状况的心满意足。在这一点上，精神分析对上述献祭场景的解释和其表面转化形式的寓言是一致的，这些寓言代表着神已克服了其本性中的动物性一面。①

无论如何，假设那内在于父亲情结中的敌意冲动在这种父亲权威复活时期彻底沉寂的观点是错误的。相反，两种新的替代父亲——神与王——最初的统治阶段都表明：

---

① 人们一般赞同这种观点：在神话中，当一代神被另一代神所征服时，它所意指的是一种新的宗教体系对另一种宗教体系的历史性替代，不论这种取代是外敌入侵的结果还是心理发展的产物。在后一种情况下，神话近似于西贝尔（Silberer，1909）所描述的"功能性现象"（参见弗洛伊德，1932，第464页及以下诸页）。荣格（L.G.Jung，1912）所坚持的观点是，杀死动物的神是一种力比多象征（libidinalsymbol），他所意指的是那种力比多概念并非那种至今被人们所使用，而在我看来在各个方面都似乎成问题的概念。

矛盾情感的那些最富活力的迹象仍然保持着一种宗教特征。

J.G. 弗雷泽在其伟大的著作《金枝》中提出如下观点：拉丁部落（Latin tribes）最早的君王都是外族人，他们扮演着神的角色，并在一种特定的节日上被庄严地处死。在闪米特人的宗教中，每年一度的神祭（或者，作为它的一个变体的自我牺牲）似乎一直是它的一个基本要素。人类的大部分民族都实行过人祭仪式，这些作为神的代表的牺牲品几乎都难以幸存下来；而且，这些人祭仪式也可以在稍后的时期觅得其踪迹，如人们用一种无生命的雕像或木偶代替活人献祭给神。神人一体的祭神仪式——可惜的是，正如论及动物牺牲那样，我也不可能对其展开深入探讨——我们能够对更古老的献祭形式的意义进行一种回溯式研究。[①] 这种祭神仪式极其坦率地承认这种事实：这种献祭行为的对象总是相同的，即现在被当作神一样崇拜的父亲。这样，动物祭与人祭之间的关系问题就获得一种简单的解决。最初的动物祭已经被一种为了庆祝弑父的人祭所取代；所以，当替代父亲再次恢复人形，动物祭也就能够变回到人祭的形式。

尽管人们想尽一切办法来忘却它，但是对第一次伟大的献祭行为的记忆却被证明是无法消除的，而且正是在这

---

① William R. Smith, 1894, *Lectures on the Religion of the Semites*, London, p.410.

一点上，人们力求尽可能地远离那些导致上述行为的动机，力求使其不走样的复制品以神祭的形式显现出来。在此，我不必详述宗教思想的发展，它们以其理性化的形式使这种再现成为可能。威廉·R.史密斯（他没有想到我们会从人类史前的那次伟大事件中引申出献祭仪式来）指出，古代闪米特人用来庆祝神之死亡的节日庆典"最近被解释为对一种神话悲剧的纪念活动"。① 他声称："这种哀悼所表达的不是一种自发的对神之悲剧的同情，而是强制性的行为，是由人们对超自然力量的愤怒之恐惧所迫使的。而哀悼者的一个主要目标就是否认自己对神之死负有责任。在此之前的神人一体祭神仪式（例如'雅典的牛祭'）中，我们已经对此有所了解。"② 这些"近期的解释"可能是正确的，它们根据那种潜在的情景对欢庆者的情感作了充分的说明。

那么，就让我们假定一个事实，即在宗教后来的发展过程中，儿子们的罪感以及儿子们的反叛性这两个动因从来就未曾绝迹过。无论人们作出怎样的努力去试图解决此宗教问题，无论人们在这两种对立的心理力量之间进行怎样的调解；毫无疑问的是，上述努力都会在历史事件、文化变迁以及内部心理调整的综合影响下最终失败。

儿子将自己置于父神位置的努力甚至变得更加明显。

---

① William R. Smith, 1894, p.413.

② William R. Smith, 1894, p.412.

农业的引入使儿子在父权制家庭中的重要性增加了。他们大胆地显示其乱伦与性力比多,这种力比多在其对大地母亲的耕作过程中寻得了象征性的满足。诸如阿提斯(Attis)、阿多尼斯(Adonis)和塔穆兹(Tammuz)等神的形象出现了,植物精灵以及同时出现的年轻一代的神灵们受到母神的眷顾,他们无视其父神的存在而与母神犯下了乱伦之罪。但是,罪感(它并未因这些创造物的出现而有所缓解)在神话中却是以下述方式表达出来的,如只给予这些受母神宠爱的年轻神灵短暂的生命,并施以阉割或因父神的暴怒而被变为动物这样的惩罚。阿多尼斯被一只野猪(阿芙洛蒂特专享的一种动物)所杀;西布莉神(Cybele)所宠爱的阿提斯则因阉割而亡。① 人们对这些神

---

① 在我们所接触的年轻的神经症患者中,对阉割的恐惧在其中起着一种十分巨大的作用,它是患者与其父亲关系中的一个阻碍物。弗洛茨(Forenczi, 1913a)报告的一个富有启发性的病例表明:一个小男孩是如何将一只啄了他生殖器的公鸡作为其图腾的。当我们的孩子开始听到割礼(ritual circumcision)时,他们将其等同于阉割。据我所知,民族心理学中与孩子们的这种反应相对应的理论还没有出现。在原始时期和原始民族中,割礼是十分常见的,它一般发生在即将进入成年期的那个年龄段上,而且只有将其置入这个年龄段中,其重要性才能显现出来;它只不过是一种转向早年生活的第二次发展而已。下述发现是很有意义的,即在原始民族中,割礼总是和剪发、拔牙一同施行,或者被它们所代替,而我们的孩子是不可能对其有任何的了解的;事实上,他们是怀着由此产生的焦虑而将这两种手术与阉割相等同了。

的死亡的哀悼之情和对其复活的欢庆之情最终都会消融于另一位神（Somdeity）（之诞生）的仪式中。

当基督教首次进入古代世界时，它就遭遇到来自密特拉教（Mithras）的竞争，而且在一段时间内，很难说，这两位神的竞争哪一位取得了胜利。尽管有神圣之光环相护，年轻的波斯之神还是从我们的视野中消失了。我们也许可以从密特拉杀牛的雕像中推测他代表的是一个独自祭祀其父亲的儿子，他也因此弥补了其兄弟们共谋弑父的罪行。还有一种可供选择的方法来缓解儿子们的罪行，这就是基督首先采用的方法。他牺牲自己的生命将兄弟们从原罪中拯救出来。

原罪之说源自俄耳浦斯教（Orphic），它构成了密特拉教的一个部分；这些神秘还延伸到古希腊的哲学流派之中。[①] 据说，人类是泰坦诸神（Titans）的后裔，他们杀害了年轻的狄奥尼修斯－扎格柔斯（Dionysus-Zagreus）并将其撕成碎片。这种罪行就重重地压在他们肩上。阿那克西曼德（Anaximander）的一个残篇讲述了世界的统一性如何被一种原始的罪行所破坏，[②] 从这个罪行中产生出来的一切都要遭受惩罚。泰坦众神狂暴地杀死并撕碎狄奥尼

---

① 雷纳克，1905—1912，2，第 75 页及以下诸页。

② 一种亲人种的罪（Une sorte de péché proethnique）（S.Reinach, 1905—1912, Cuttes, Mythes et Religion, Paris, p.76）。

修斯-扎格柔斯的场景,足以使我们清晰地回想起圣尼鲁斯所描述的图腾献祭的场面——许多其他的古代神话也有此类内容,这其中就包括俄耳浦斯自己的死亡。然而,在下述事实中存在着一个令人烦恼不安的差异,即被杀害的总是一位年轻的神。

毫无疑问,在基督教的神话中,原罪源自对圣父的背离。然而,如果说基督是以牺牲自己的生命将人类从原罪的重负之下解救出来,那么我们就可以得出这样的结论,即原罪就是一种谋杀之罪。那深深植根于人类情感之中的以牙还牙复仇律规定:杀人者偿命。故自我牺牲指向的是过去的杀人之罪。① 而且,如果牺牲这个人的生命就能够带来对圣父的赎罪,那么所赎之罪就只能是曾经发生的弑父之罪。

因此,在基督教的教义中,人们以最坦率的方式承认了那种原始的弑父罪行,因为他们从圣子的牺牲精神中发现了对这种罪行的最圆满补偿。对父亲的赎罪行为由于相伴随的一种(儿子们)对(同族)女人(正是她们引起了儿子们反对其父亲的行为)的完全放弃的牺牲行为而变得更加彻底。但是,正是在这一点上,矛盾情感这种无法阻止的心理法则介入了进来。儿子向父亲作出最大可能的赎

---

① 我们发现,神经症患者身上那种自杀冲动通常被证明是对希望他人死去的愿望的自我惩罚。

罪行为同时也使其实现了反对父亲的愿望。他自己变成了神,与父亲并列,或者更恰当地说是取代了父亲的地位。一种以儿子为神的宗教取代了原来的以父亲为神的宗教。作为这种替代的一个标志,古老的图腾餐就以圣餐仪式的形式复活了,在这种仪式中,兄弟们分享的不再是父亲而是儿子的血与肉,并因此获得神圣性且实现了与其认同。这样,我们就可以穿越历史追寻图腾餐与动物祭、神人合一的人祭以及基督教的圣餐之间的同一性,而且,我们能够在所有这些仪式中辨认出哪种原罪对人类的影响——人类是如此深重地背负此罪,却又依然感到如此的自豪。不过,基督教的圣餐仪式基本上是一种对父亲的肉体消灭,一种对弑父之罪行的重演。这样,我们就能够看出J.G.弗雷泽下述论断的正确性:基督教的圣餐仪式吸纳了一种无疑比基督教更古老的圣餐礼。①

## 七

一件像儿子们联合起来消灭原始之父这样的事件,在人类历史的发展中必然会留下无法消除的痕迹,而且这种

---

① J.G.Frazer(1912,2,p.51).熟悉这个主题文献的人不会认为下述观点是本文作者首先提出来的,即基督教的圣餐仪式源自图腾餐。

事件本身越是较少的被人们回想起，它所引致的替代物就必定会越多。① 我将抵制那种到神话中去寻找这些痕迹的企图（这样做并不难），而是要转向另外一个方向并采纳雷纳克在一篇极有创见的论述俄耳浦斯之死的文章中所提出的建议。②

我们在古希腊的艺术史中无意间发现了一种与威廉·R.史密斯所指明的图腾餐场景极为相似的情景，不过两者之间也存在着不少深刻的差异。最古老的希腊悲剧场景浮现在我的脑海中。一群在名字和穿着上很相似的人围绕在一位领唱者的周围，全神贯注于他的言行：他们是合唱队的成员，英雄的扮演者。这位领唱者原本是惟一的扮演者，后来第二位、第三位扮演者加入进来，他们扮演与英雄相对应的角色，这种角色是从英雄角色中分离出来的；但是英雄这个角色本身以及他与合唱队的关系仍保持不变。

---

① 下面引用的是《暴风雨》(*The Tempest*) 中埃里厄尔 (Ariel) 的台词：

你的父亲安卧在五英寸的水深之处；

他的骨骼已经化作了珊瑚；

他的眼睛就是那灿烂的明珠；

他那消失的身躯没有一处，

没有一处不经受大海的神奇变幻，

变成了某些富丽且怪异的东西。

② 《俄耳浦斯之死》(*La mort d'Orphée*)，收于我经常引用的那部著作中（雷纳克，1905—1912，2，第100页及以下诸页）。

悲剧中的英雄必须受难，直到今天这一点仍保持在悲剧的本质之中。"英雄"不得不承受那所谓的"悲剧性罪行"，这种罪行之基础并不总是很容易发现，因为从我们日常生活中看，它常常就不算什么罪行。通常，它被置于反抗某些神或人类权威的行为中；而那些陪伴着英雄的合唱队成员则怀着同情之心力图阻止他，警告他，使之清醒；而当他遭遇到因其鲁莽行为而招致应得之惩罚时，他们又来哀悼他。

但是，悲剧中的英雄为什么必须要受难？他们"悲剧性罪行"的意义是什么？我想长话短说，给出一个爽快的回答。他们之所以必须受难是因为他们就是原始之父，那位伟大的原始悲剧中的英雄在经过人们有意的歪曲之后被重新搬上了舞台；而那所谓的悲剧性罪行就是他自己不得不承担起来以便合唱队得以解脱的罪行。舞台的布景源自历史的真实场景，只是经过了一种系统的歪曲过程而已——人们甚至可以说，此乃一种精心制作的伪饰之作。在那遥远的现实之中，正是合唱队的成员实际导致了英雄的受难。然而，现在，他们的同情和悔过之情已消耗殆尽，并认为应该由英雄自己来承担他自己的灾难。那被扔回到他肩上的罪行——针对一位伟大权威的胆大妄为的反叛行为——显然是合唱队的成员，即那帮兄弟们应该承担的罪行。因此，那位悲剧性英雄就变成了（尽管这可能有违其意志）合唱队员的拯救者。

在古希腊悲剧中所上演的一种特别的主题内容就是牧羊神狄奥尼索斯（Dionysus）的受难以及他的追随者与认同者对他的哀悼。因此，我们就很容易理解为何那已经灭绝的古希腊悲剧在中世纪时又会围绕着耶稣基督之受难这个主题而获得了新的生命力。

因而，在对这种极其压缩式的探讨予以总结时，我乐意坚持这种观点，即这种探讨的结果表明：宗教、道德、社会及艺术的肇始都汇集于俄狄浦斯情结之中。这与精神分析学的下述发现是完全一致的，即这种情结也构成了所有神经症的核心（就我们目前对其所了解的情况而言如此）。对我来说，一个最令人惊奇的发现似乎是：民族心理学的问题也能够证明应该在人与其父亲之关系这个单一的具体点的基础上予以解决。甚至，还有可能的是，另外一种心理问题也属于这同一关联之列。我常常不失时机地指出：就其恰当意义而言的那种矛盾情感——对同一对象同时存在着爱和恨两种情感——处于许多重要文化制度的根源之处。我们对这种矛盾情感的起源一无所知。一种可能的假定是，它是我们情感生活中的一种基本现象。但是我认为值得对它进行另外一种可能的思考，即它最初并非我们情感生活的组成部分，只是后来经由人类与其父亲情结的关联性而获致的,①准确地说,是精神分析学在对现代人类个体进行分析时才发现了其最强烈的表达形式。②

不过,在结束我的评论之前,我必须找一个机会指出,尽管我的论文导致将诸观念高度集中在一种简单的综合性联结之上,但这一事实并不会使我们无视前提中的不确定性和结论的困难。关于后者,我只提及两点,我的许多读者可能已经注意到它们。

首先,人们都会观察到,我是将集体心理(collective mind)的存在作为我整个论证的基础,其中产生的心理过程正如发生在一个个心理中的情形一样。尤其是,我假定因为一次行为而导致的罪感经历数千年而不衰,并在后世那些根本不知道那种行为的人们心中保持着其作用。我假定了这样一种情感过程——恰如在受到父亲虐待的一代代儿子身上所发展起来的那种情感过程——已经扩展到后世

---

① 或者更准确地说是其父母情结(parental complex)。

② 由于我已经习惯于被人误解,故认为还是值得去明确地坚持:我在这里提出的推断一点也没有忽略我们正在讨论之现象的复杂性。所有这些推断所主张的只不过是在宗教、道德及社会的那些已知或未知的源头上再添加一种新的因素而已——这种因素是建立在精神分析学所意指的考量之上的。我必须将这些解释综合为一个整体的任务留给他人来完成。不过,即使是在其高度的重要性被认识到之前,也许必须克服那强大的情感性抵制,我们依然可以从这种新贡献之性质中得出它在这样的一种综合中必能起到一种中心作用的观点。

那些并未受到如此虐待（这恰恰是因为其父亲已被消灭的缘故）的那些新生代身上。必须承认这些都是很严重的问题；任何能够避开此类假定的解释都似乎更为可取。

不过，进一步的反思将表明，应对这种大胆推论承担责任的并非我独自一人。如果不假设有一种集体心理——它使得我们能够忽略由于个体的消亡而导致的心理行为之中断——的存在，那么民族心理学大体上就不可能存在。倘若心理过程不是连续地代代相传，而是每一代人都不得不去重新习得其对待生活的态度，那么在此领域里就不会有任何的进步，继而也不会有任何程度的发展。这就产生了两个更加深入的问题：我们能在多大程度上将代际相传的过程归于心理上的连续性？一代人为了将其心理状况传给下一代人使用了什么样的途径和方式？我不会假装这些问题已经获得了充分的解释，或者认为直接的交流和传统（这是一个人出生后最先接触到的）就足以解释这个过程。总的说来，民族心理学对于时代相续的人们为建立起其精神生活中的必要连续性而采用的方式并不怎么感兴趣。这个问题的一部分似乎可以借助于心理气质的遗传性来解释，然而，心理气质需要从个体生活中获得某种动力之后才能发挥实际的作用。这也许就是下列诗句的意义所在：

> 你从祖先手里继承的遗产，
>
> 要努力利用，才能安享。

除非我们必须承认心理冲动能够被彻底地压制而且无论如何不会在其身后留下蛛丝马迹，否则这个问题就会更加难以解决。但事实并非如此。即使是最残酷的压制也必定会为那些变形的替代性冲动以及它们所产生的反应留有余地。不过，若果真如此，我们就可以很有把握地假定：没有哪一代人能够向其后代隐瞒某些十分重要的心理过程。因为精神分析已经向我们表明：每个人潜意识心理活动中都拥有一种能够解释他人反应的机制，即消解他人施加于情感表达之上的诸种扭曲。我们通过对人类与父亲的原初关系所遗留下的所有那些习俗、礼仪以及教条进行一种潜意识的理解分析，也许就可以使人类的后继者继承其情感遗产成为可能。

另一个困难实际上可能就来自精神分析的领域之中。我们已经将原始社会中最古老的道德规范和限制解释为对一种行为的反应，这种行为给其实施者带来了"罪"的概念。他们对其行为感到悔恨，并决定永不再让它重演，同时不让其实施者从中获得任何的益处。这种富有创造性的罪恶感依然保存在我们身上。我们发现它以一种反社会的方式在神经症患者身上起着作用，并产生出了新的道德规范和持续性的限制，以作为一种对所犯罪行的补赎和作为一种反对重犯此罪的预防措施。① 然而，如果我们对这些神经症患者进行调查以期发现那引起这些反应的行为究竟是什么，我们将会大失所望。除了那些致力罪恶目的却又受阻难以实现其目的的冲动和情绪之外，我们并没有发现有什么行为存在。那些隐藏在神经症患者之罪感背后的总是心理性现实（psychical reality）而绝非事实性现实（factual reality）。神经症的特征体现在下述事实中，即神经症患者宁愿选择心理性现实而非事实性现实，而且它们像正常人对待事实性现实一样严肃地对待思想中的一切。

对原始人来说，这不也同样是真实的吗？我们有理由相信，作为其自恋性组织（narcissistic organization）的一种现象，他们对其心理行为的溢美达到了一种极高的程度。② 因此，仅仅是针对父亲的敌意性冲动，仅仅因为存在着一种杀死并分享父亲的愿望性幻想，就足以产生出那些创造了图腾崇拜和塔布的道德反应。通过这种方式，我们就大可不必从那种易触怒我们情感的可怕罪行中导源出我们的文化遗产，因为我们对自己的文化是如此的自豪。这样，对于从古到今的人类历史发展之因果"链条"也就

---

① 参见本书第二章对塔布的论述。

② 参见本书第三章论述。

不会产生任何的伤害，因为心理性现实强大到足以承受这些后果之重负的地步。对于这种观点，可能的反对意见是，在从父权制群落向兄弟制氏族过渡期间的社会结构形式事实上发生过改变。这的确是一种强有力的反驳，但却不是决定性的。这种改变可能是以一种较少暴力的方式而产生影响的，但它仍然能够决定道德反应的产生。只要那位原初之父所产生的压力仍能被人感受到，那么针对他的敌意情感就具有合理性，而人们对其罪行的忏悔也就只能延后进行。而且，如果进一步论证那些从人们对其父亲的矛盾性关系中产生出来的一切——塔布和献祭戒律——都具有极度的严肃性和最彻底的现实性特征，那么这种进一步的反对意见就不再具有什么分量了。因为强迫性神经症患者的仪式性和约束性特征表明它们与这些特征相同，而且依然是仅仅源自心理性现实——人们的意图而非这些意图的实施。我们必须避免这样一种藐视，即将我们的价值观——我们仅仅是从我们身处其中的那个普通世界来思考或欲求的，这个世界的财富在于其物质性价值——移植到原始人和神经症患者的价值观上——对他们来说，财富不是外在的，而是就存在于他们自身之中。

我们在此面临着一个确实不易作出的决定。不过，首先必须坦承的是，那些对于其他人来说可能是基本的区分，以我们的判断来看却并不能影响到问题的核心。如果说，对原始人而言愿望和冲动具有完全的事实性价值，那么，我们的任务就是给予其态度以理解性的关注而非依据我们自己的标准去进行纠正。然后，让我们对神经症病例进行更加严密的考察——只有与之比较才能将我们导入目前的不确定性中去。下列说法是不准确的：强迫性神经症——他们因过度的道德重负而忧虑——仅仅是为了反对心理性现实而自我防御，仅仅是因为所感受到的冲动而自我惩罚。历史性现实（historical reality）在其中也起着部分的作用。在其童年时期，这些患者就具有这些纯粹和简单的罪恶冲动，并且在童年期所容许的无能为力的范围内将其付诸行动。这些具有过度德性（excessively virtuous）的每一个个体都在其婴幼儿时期经历过一个罪恶阶段——一个倒错阶段（a phase of perversion），它是后来那个过渡性道德时期（period of excessive morality）的先兆和前提。所以，如果我们假定，原始人的心理性现实——我们对其采取的形式并不怀疑——也是一开始就与事实性现实保持一致，原始人的所作所为都证明了他们确实是倾向这么做的，那么原始人与神经症患者之间的类似性就完全可以确定下来。

我们不可让我们的判断受到原始人与神经症患者之间的相似性太多的影响，必须将其间的区别牢记于心。正确无疑的是，我们将思想与行动截然对立起来的做法对于原始人和神经症患者来说都是不存在的。但是，神经症患者在其行动方面毕竟受到抑制：对他们来说，思想完全取代了行动。另一方面，原始人（的行动）却是无拘无束的：他们的思想直接进入行动之中。对他们来说，是行动完全取代了思想。这就是为什么我认为对于我们所面对的情形而言，我们可以有把握地认定"泰初有为"（in the beginning was the deed）而不必作出任何终极性的判断的原因所在。

# 参考文献

ABRAHAM, K. (1912). "Über die determinierende Kraft des Namens", *Int. Z. Psychoanal.*, 2, 133.

——(1914). "Über Einschränkungen und Umwandlungen der Schaulust bei den Psychoneurotikern", *Jb. Psychoanal.*, 6, 25.

(Trans.: "Restrictions and Transformations of Scopophilia in Psycho-Neurotics", *Selected Papers*, 1927, 169.)

——(1927). *Selecied Papers*, London.

ATKINSON, J. J. (1903). *Primal Law*, London. (Included in LANG, A., *Social Origins*.)

AVEBURY, Lord. *See* LUBBOCK, J.

BACHOFEN, J. J. (1861). *Das Mutterrecht*, Stuttgart.

BASTIAN, A (1874–5). *Die deutsche Expedition an der Loango-Kuste*(2 vols.), Jena.

BATCHELOR, J. (1901). *The Ainu and their Folk-Lore*, London.

BLUMENTRITT, F. (1891). "Über die Emgeborenenderlnsel Palawan", *Globus*, 59, 181.

BOAS, F. (1888). "The Central Eskimo", *Sixth Ann. Rep. Bur.*,

*Amer. Ethn.*, 399.

(1890). "Second General Report on the Indians of British Columbia", *Report of Sixtieth Meeting of the British Association*, 562.

BROWN, W. (1845). *New Zealand and its Aborigines*, London.

CAMERON, A.L.P. (1885)., "Notes on some Tribes of New South Wales", *J.anthrop. Inst.*, 14, 344.

CODRINGTON, R. H. (1891). *The Melanesians*, Oxford.

CRAWLEY, E. (1902). *The Mystic Rose*, London.

DARWIN, C, (1871). *The Descent of Man*(2 vols.), London.

(1875). *The Variation of Animals and Plants under Domestication*(2 vols.), 2nd ed., London.

DOBRIZHOFFER, M. (1784). *Historia de Abiponibus*(3vols,), Vienna.

DORSEY, J.O. (1884). "An Account of the War Customs of the Osages", *Amer. Nat.*, 18, 113.

DURKHEIM, E. (1898). "La prohibition de l" inceste et ses origines', *Anége sociolog.*, 1, 1.

(1902). "Sur letotemisme" L, *Année sociology.*, 5, 82.

(1905). "Sur l'organisation matrimoniale des sociétés australiennes", *Annee sodolog.*, 8, 118.

(1912). *Les formes élémentaires de la vie religieuse: Le systèms totémique en Australie*, Paris.

EDER, M.D. (1913). "Augenträume", *Int. Z. Psychoanal.* 1, 157.

ELLIS, HAVELOCK (1914). *Sexual Selection in Man (Studies in the Psychology of Sex*, IV), Philadelphia.

ELLIS, W.(1832–6). *Polynesian Researches*, 2nd ed. (4 vols.), London.

*Encyclopaedia Britannica*(1910–11). Eleventh Edition, Cambridge.

FERENCZI, S.(1913a). "Ein kleiner Hahnemann", *Int. Z. Psychoanal.*, 1, 24o.

(Trans.: "A Little Chanticleer", *Contributions to Psycho-Analysis*, 1916, 240.)

(1913b). "Zur Augensymbolik", *Int. Z. Psychoanal.* 1, 161.

(Trans.: "On Eye Symbolism", *Contributions to Psycho-Analysis*, 1916, 270.)

(1916). *Contributions to Psycho-Analysis,* Boston. [Later titlepage: *Sex in Psycho-Analysis.*]

FLSON, L. (1885), "The Nanga", *J.anthrop. Inst.*, 14, 14.

FLSON, L, and HowITT, A.W.(1880). *Kamilaroi and Kurnai*, Melbourne.

FRASER, J. (1892). *The Aborigines of New South Wales*, Sydney.

FRAZER, J.G. (1910). *Totemism and Exogamy*(4 vols.), London.

(1911a). *The Magic Art*(2 vols.) (*The Golden Bough*, 3rd ed., Part I), London.

(1911b). *Taboo and the Perils of the Soul*(The *Golden Bough*, 3rd ed., Part II), London.

(1912). *Spirits of the Corn and of the Wild*(2 vols.) (*The Golden Bough*, 3rd ed., Part V), London.

(1914). *Adonis, Attis, Osiris*, 3rd ed. (2 vols.) (*The Golden Bough*, 3rd ed., Part IV), London.

FREUD, S. (1900). *Die Traumdeutung*, Vienna. (*G.S.*, 2–3 ; *G.W.*, 2–3.)

(Trans,: *The Interpretation of Dreams*, revised ed., London, 1932.)

(1905a). *Drei Abhandlungen zur Sexualtheorie*, Vienna. (*G.S.*, 5, 1 ; *G.W.*, 5, 29)

(*Transz Three Essays on the Theory of Sexuality*, London, 1949.)

(1905b). *Der Witz und seine Beziehung zum Unbewussten*, Vien na. (*G.S.*, 9 ; *G.W.*, 6.)

(Trans.: *Wit and its Relation to the Unconscious*, London, 1922.)

(1909a). "Analyse der Phobie eines fOnfjahrigen Knaben", *G.S.*, 8, 127 ; *G.W.*, 7 , 243.

(Trans.: "Analysis of a Phobia in a Five–Year–Old Boy", *C.P.*,

3, 149.)

(1909b). "Bemerkungen Ober einen Fall von Zwangsneurose", *G.S.*, 8 , 267；*G.W.*, 7, 381.

(*Trans*.: "Notes upon a Case of Obsessional Neurosis", C.P., 3 , 293.)

(1910). "Über den Gegensinn der Urworte" G. S., 10, 221；G.W., 8, 214.

(*Trans*. : "The Antithetical Sense of Primal Words". C.P., 4, 184.)

(1911a). "Formulierungen über die zwei Principien des Psychischen Geschehens", *G.S.*, 5, 4o9；*G.W.*, 8, 214.

(*Trans*.: "Formulations Regarding the Two Principles in Mental Functioning", *C.P.*, 4, 13.)

(1911b) "Psychoanalytische Bemerkungen Ober einen autobio – graphisch beschriebenen Fall von Paranoia", *G.S.*, 8 , 353；*G.W.*, 8, 240.

(*Trans*.: "Psycho-Analytic Notes upon an Autobiographical Account of a Case of Paranoia", *C.P.*, 3 , 387.)

(1912). "Einige Bemerkungen Ober den Begriff des Unbewussten in der Psychoanalyse", G.S., 5, 433; G.W., 8, 43o.

(*Trans*.: "A Note on the Unconscious in Psycho-Analysis", C.P., 4, 22.)

(1919). "Das Unheimliche", G.S., 10, 369；G.W., 12 , 236.

(Trans.: "The Uncanny", *C.P.*, 4, 368.)

(1933). *Neue Folge der Vorlesungen zur EMhrung in die Psychoanalyse*, Vienna. (*G.S.*, I2, 149 ; *G.W.*, 15, 1.)

(*Trans.: New Introductory Lectures on Psycho-Analysis*, London, 1933.)

GOLDENWEISER, A. (1910). "Totemism, an Analytical Study", *J. Am. Folk-Lore,* 23, 179.

GRAMBERG, J. S. G. (1872). "Eene maand in de binnenlanden van Timoi", *Verh.batavia. Genoot.*, 36, 161.

GUIS, Le Père J. (1902). "Les Canaqucs", *Missions Catholiques*, 34 , 208.

HADDON ; A. C.(1902). "Presidential Address to the Anthropological Section", *Report of Seventy -Second Meeting of the British Association*, 738.

HAEBERLIN, P. (1912). "Sexualgespenster", *Sexualprobleme*, February.

HOWITT, A.W. (1904). *The Native Tribes of South-East Australia*, London.

HUBERT, H., and MAUSS, M. (1899). "Essai sur la nature et lafonction du sacrifice", *L'Année sociolog.*, 2, 29.

(1904). "Esquisse d'une th6orie générale de la magie", *Année sociolog.*, 7, 1.

JEVONS, F. B. (1902). An Introduction to the History of

Religion, 2nd ed., London. (1st ed., 1896.)

JOUSTRA, M. (1902). "Het leven, de zeden en gewoonten der Bataks", *Meded. ned. Zend.*, 46, 385.

JUNG, C.G. (1912). "Wandlungen und Symbole der Libido", *Jb. psychoanal, psychopath. Forsch.*, 3, 120 and 4, 162.

(*Trans.: Psychology of the Unconscious*, London, 1919.)

(1913). "Versuch einer Darstellung der psychoanalytischen Theorie", *Jb. psychoanal, psychopath, Forsch.*, 5, 307.

(*Trans.: The Theory of Psycho-Analysis*, New York, 1915.)

JUNOD, H.A. (1898). *Les Ba-Fionga*, NeuchStel.

KAEMPFER, E. (1727). *The History of Japan* (2 vols.), London.

KEANE., A. H. (1899). *Man, Past and Present*, Cambridge.

KLEINPAUL, R. (1898). *Die Lebendigen und die Toten in Volksglauben, Religion und Sage*, Leipzig.

LABBÉ, P. (1903). *Un bagne russe, L'ile de, Sakhaline*, Paris.

LAMBERT, LePére (1900). *Maurs et superstitions des. Néo-Calé doniens*, Nouméa.

LANG, A. (1903). *Social Origins*, London. (Includes ATKINSON, J. J., *Primal Law*.)

(1905). *The Secret of the Totem*, London.

(1910–11). "Totemism", *Encyclopaedia Britannica*, 11th ed., 27, 79.

(1911). "Lord Avebury on Marriage, Totemism, and

Religion", *Folk-Lore*, 22, 402.

LESLIE, D. (1875). *Among the Zulus and Amatongas*, 2nd ed., Edin-burgh.

LOW, H. (1848). *Sarawak*, London.

LOZANO, P. (1733). *Descripcion...del Gran Chaco*, Cordova.

LUBBOCK, J. (1870). *The Origin of Civilisatión*, London.

MCLENNAN, J. F. (1865). *Primitive Marriage*, Edinburgh. (Reprinted in same author's *Studies in Ancient History*, London, 1876.)

MCLENNAN, J. F. (1869-70). "The Worship of Animals and Plants", *Fortnightly Rev.*, N.S.6, 407 and 562; N.S.7, 194. (Reprinted in same author's *Studies in Ancient History; Second Series*, London, 1896.)

MAORI, A Pakeha [pseud.for MANING, F.E.] (1884). *Old New Zealand*, new ed., London.

MARETT, R. R. (1900). "Pre-AnimisticReligion", Folk -Lore, 11, 162.

MARILLIER, L (1898). "La place du totémisme dans l'évolution religieuse", *Ku. Hist. Relig.*, 37 , 204.

MARINER; W. (1818). *An Account of the Natives of the Tonga Islands*, 2nd ed. (2 vols.), London. (Isted., 1817.)

MAX-MÜLLER, F. (1897). *Contributions to the Science of Mythology*(2 vols.), London.

MORGAN, L.H. (1877). *Ancient Society*, London.

MÜLLER, S. (1857). *Reizen en Onderzoekingen in den fndischen Archipel*, Amsterdam.

PARKINSON, R. (1907). *Dreissig Jahre in der Südsee*, Stuttgart.

PAULITSCHKE, P. (1893–6). *Ethnographie Nordost-Afrikas*(2 vols.), Berlin.

PECKEL, P.G,. (1908). "Die Verwandtschaftsnamen des mittleren Neumecklenburg", *Anthropos*, 3, 456.

PICKLER J., and SOMLÓ, F. (1900). *Der Ursprung des Totemismus*, Berlin.

RANK, O.(1907). *Der Künstler*, Vienna.

(1912). *Das Inzestmotiv in Dichtung und Sage*, Vienna.

(1913). "Eine noch nicht beschriebene Form des Odipus-Traumes", *Int. Z. Pscboanal.*, 1, 151.

REINACH, S. (1905–12). *Cuttes, Mythes et Religions*(4vols.), Paris.

REITLER, R. (1913). "Zur Augensymbolik", *Int. Z. Psycboanal.*, 1, 159.

RIBBE, C.(1903). *Zwei Lahre unter den Kannibalen der Salomolnseln*, Dresden.

RIVERS, W.H.R. (1909). "Totemism in Polynesia and Melanesia", *J.R.anthrop, inst.*, 39, 156.

ROTH, H.LING (1896), *The Natives of Sarawak and British*

*North Borneo*(2 vols.), London.

SCHREBER, D.P. (1903). *Denkwürdigkeiten eines Nervenkranken*, Leipzig.

SILBERER, H. (1909). "Bericht Über eine Methode, gewisse symboltsche Halluzinations-Erscheinungen hervorzurufen und zu be obachten", *Jb.psychoanal, psychopath. Forsch.*, 1, 513.

SMITH, W.ROBERTSON (1894). *Lectures on the Religion of the Semites*, new [and] ed., London. (lst ed., 1889.)

SPENCER, B., and GILLEN, F.J. (1899). *The Native Tribes of Central Australia*, London.

SPENCER, H. (1870). "The Origin of Animal Worship", *Fortnightly Rev.*, N.S.7, 535.

(1893). *The Principles of Sociology*, 3rd ed., Vol.1, London.

STEKEL, W. (1911). "Die Verpflichtung des Namens", *L.Psychother. med. Psychol.*, 3.

STORFER, A.J. (1911). *Zur Sonderstellung des Vatermordes*, Vienna.

TAYLOR, R. (1870). *Te lka a Maui*, 2nd ed., London. (lst ed., 1855.)

TEIT, J. A. (1900). *The Thompson Indians of British Columbia*(*Zesup North Pacific Expedition*, Vol.1), New York.

THOMAS, N.W. (1910-11a). "Magic", *Encyclopaedia Britannica*, llth ed., 17, 304.

(1910–11b). "Taboo", *Encyclopaedia Britannica*, 11th ed., 26, 337.

TYLOR, E.B. (1889). "A Method of Investigating the Development of Institutions", *J. anthrop. Inst.*, 18, 245.

(1891). *Primitive Culture*, 3rd ed. (2 vols.), London. (lst ed., 1871.)

WESTERMARCK, E. (1901). *The History of Human Marriage*, 3rd ed., London. (lst ed., 1891.)

(1906–8). *The Origin and Development of the Moral Ideas*(2 vols.), London.

WILKEN, GA. (1884). "Het animisme bij de volken van den Indischen Archipel", Ind. Gids, 6 (Part I), 925.

WULFF, M. [WooLF, M.] (1912). "Beiträge zur infantilen Sexualität", *Zbl. Psychoanal.*, 2, 6.

WUNDT, W. (1906). *Mythus und Religion*, Teil II (*Völkerpsychologie*, Band II), Leipzig.

(1912). *Elemente der Völkerpsychologie*, Leipzig.

(*Trans.: Elements of Folkpsychology*, New York and London, 1916.)

ZWEIFEL, J., and Mous TEIFR, M. (1880). *Voyage aux sources du Niger*, Marseilles.

# 译名对照表

## A

| | |
|---|---|
| Abasia | 步行不能（症） |
| Abel, K. | 阿贝尔 |
| Abipone | 阿比波内 |
| Abraham, K. | 亚伯拉罕 |
| Adelaide Bay | 阿德莱德湾 |
| Adonis | 阿多尼斯 |
| Affection | 爱，爱戴 |
|     excessive in neurotics | 神经症患者身上的过度之爱 |
| Agoraphobia | 广场恐怖，恐旷症 |
| Agutaino | 阿古塔亚诺人 |
| Aino | 阿依努人 |
| Akamba | 阿坎巴人 |
| Allen, Grant | 格兰特·艾伦 |
| Ambivalence | 矛盾情感（或态度） |
| Amnesia | 失忆症，遗忘症 |

| | |
|---|---|
| Anaximander | 阿那克西曼德 |
| Ancestors | 祖先 |
|   veneration of | 祖先崇拜 |
| Aninal phobias in children | 儿童的动物恐惧症 |
| Animalism | 动物特性，人兽论 |
| Animatism | 万物有灵论 |
| Animism | 泛灵论 |
|   and totemism | 泛灵论与图腾崇拜 |
| Apache | 阿帕切人 |
| Apepi | 阿培皮 |
| Aphrodite | 阿美洛蒂特 |
| Appeasement | 抚慰，安抚 |
| Arpád, little | 小阿培德 |
| Arunta | 阿龙塔人 |
| Atkinson, J.J. | J.J.阿特金森 |
| Atonement | 补偿，赎罪 |
| Attis | 阿提斯 |
| Australian aboriginees | 澳洲土著 |
| Auto-erotism | 自体性行为，手淫 |
| Avebury, Lord | 埃夫伯里勋爵 |
|   see Lubbbock, J. | 见J.卢伯克 |
| Aztec | 阿兹特克人 |

## B

| | |
|---|---|
| Bachofen, J.J. | J.J. 巴霍芬 |
| Bacon, Francis | 弗朗西斯·培根 |
| Banks' Island | 班克斯群岛 |
| Barongo | 巴隆哥人 |
| Basoga | 巴索加人 |
| Bastian, A. | A. 巴斯蒂安 |
| Batchelor, J. | J. 巴彻勒 |
| Batta | 巴塔人 |
| Bedouin | 贝都因人 |
| Bini | 比尼人 |
| Bleuler, E. | E. 布洛伊尔 |
| Blumentritt, F. | F. 布卢门特里特 |
| Boas, F. | F. 博厄斯 |
| Book of Rights in Ireland | 《爱尔兰权利之书》 |
| Borneo | 婆罗洲 |
| British Columbia | 不列颠哥伦比亚省（加拿大州名） |
| British East Africa | 英属东非 |
| British New Guines | 英属新几内亚 |
| Brown, W. | W. 布朗 |

## C

| | |
|---|---|
| Cambodia | 柬埔寨 |
| Cameron, A.L.P. | A.L.P. 卡梅伦 |
| Cannibalism | 食人肉，同类相食（性） |
| Cape Pardon | 帕敦角 |
| Castration | 阉割 |
| Catechism | 教义问答 |
|     totemic | 图腾教义问答 |
| Categorical imperative | 绝对律令 |
| Catholic Church and incest | 天主教会与乱伦 |
| Celebes | 西里伯斯岛 |
| Children's play and primitive imitative representation | 儿童游戏与原始的模仿性表象 |
| Choctaw | 乔克托人 |
| Chorus in Greek tragedy | 古希腊戏剧中的合唱 |
| Churinga, amulets | 杵灵伽，护身符 |
| Circumcision | 割礼 |
| Classificatory system of relationships | 亲属关系的分类体系 |
| Codrington, R.H. | R.H. 科德林顿 |
| Collective mind | 集体心理 |
| Communion | 圣餐（仪式） |

| | |
|---|---|
| Conception theory of the Arunta | 阿龙塔人的受孕理论 |
| Co-operative magic | 合作性巫术 |
| Court ceremonial | 宫廷礼仪 |
| Crawley, E. | E. 克劳利 |
| Cybele | 西布莉（女神） |

## D

| | |
|---|---|
| Dacota | 达科他人 |
| Darwin, C. | C. 达尔文 |
| Delagoa Bay | 德拉瓜湾 |
| Délire du toucher | 触摸恐惧症 |
| Dieri | 迪埃里人 |
| Dionysus | 狄奥尼索斯 |
| Dobrizhoffer, M. | M. 多布里兹霍费尔 |
| Dorsey, J.O. | J.O. 多尔西 |
| Dualism of body and soul | 肉体与灵魂的二元论 |
| Durkheim, E. | E. 涂尔干 |
| Dyak | 迪雅克人 |

## E

| | |
|---|---|
| Eastern Bantu | 东班图人 |
| Eder, M.D. | M.D. 埃德 |
| Ellis, Havelock | 哈夫洛克·埃利斯 |

| | |
|---|---|
| Ellis, W. | W. 埃利斯 |
| Encounter Bay | 因康特湾 |
| Encyclopaedia Britannica | 《大不列颠百科全书》 |
| Eskimo, Central | 中部爱斯基摩人 |
| Exogamy | 族外婚（制） |

## F

| | |
|---|---|
| Father-complex | 父亲情结 |
| Feasts | 宴会，节日 |
| Ferenczi, S. | S. 弗伦茨 |
| Fertility magic | 祈丰的巫术仪式 |
| Fiji | 斐济 |
| Fison, L. | L. 费森 |
| Flamen Dialis | 迪亚里斯大祭司 |
| Flaminica | 祭司之妻，祭司后 |
| Fraser, J. | J. 傅礼泽 |
| Fraternal clans | 兄弟制氏族 |
| Frazer, J.G. passim | J.G. 弗雷泽 |

## G

| | |
|---|---|
| Galla | 加拉人 |
| Garcilasso de la Vega | 加尔西拉索·德·拉维加 |

| | |
|---|---|
| Gazelle peninsula | 加泽尔半岛 |
| Ghosts | 鬼（魂），灵魂 |
| Gillen, F.J. | F.J. 吉伦 |
| Gilyak | 吉利亚克人 |
| Gods | 神，上帝 |
| Goldenweiser, A. | A. 戈登威泽 |
| Gramburg, J.S.G. | J.S.G. 格拉伯格 |
| Group marriage | 群婚 |
| Guaycuru | 圭库鲁人 |
| Guis, le pere J. | 勒佩尔·J. 吉斯 |

## H

| | |
|---|---|
| Haddon, A.G. | A.G. 哈登 |
| Haebertin, P. | P. 黑伯林 |
| Hamlet | 哈姆雷特 |
| Hill-Tout, C. | C. 希尔－陶特 |
| Hobley, C.W. | C.W. 霍布利 |
| Horror of Incest | 乱伦畏惧 |
| Hostility to the dead | 对死者的敌意 |
| Howitt, A.W. | A.W. 豪伊特 |
| Hubert, H. | H. 于贝尔 |
| Hume | 休谟 |

## I

| | |
|---|---|
| Identification of parents with their children | 父母对其子女的认同作用 |
| Inbreeding | 近亲婚（交）配 |
| Inca | 印加人 |
| Incest | 乱伦 |
| Incestuous nature of early love objects | 早期爱恋对象中的乱伦性质 |
| Infantilism | 幼稚性 |
| Inhibition | 抑（压）制 |
| Intichiuma ceremony | 因提休玛仪式 |

## J

| | |
|---|---|
| Java | 爪哇（岛） |
| Jevons, F.B. | F.B. 杰文斯 |
| Joustra, M. | M. 鸠斯特拉 |
| Jung, C.G. | C.G. 荣格 |
| Junod, H.A. | H.A. 朱诺 |

## K

| | |
|---|---|
| Kaempfer, E. | E. 凯姆普赛尔 |
| Kant | 康德 |
| Leane, A.H. | A.H. 基思 |

| | |
|---|---|
| King Kukulu | 库库鲁人的王（祭司首领） |
| Kleinpaul，R. | R. 克莱恩保尔 |

## L

| | |
|---|---|
| Labbé，P. | P. 拉贝 |
| Lambert，le père | 勒佩尔·朗贝尔 |
| Lang，A. | A. 兰 |
| Lepers' Island | 勒帕斯岛 |
| Leslie，D. | D. 莱斯利 |
| Libidinal development | 力比多的发展 |
| Loango | 洛安戈人 |
| Logea | 洛吉亚岛 |
| Long，J. | J. 朗 |
| Low，H. | H. 洛 |
| Lozano，P. | P. 罗扎洛 |
| Lubbock，J. | J. 卢伯克 |

## M

| | |
|---|---|
| Mclennan，J.F. | J.F. 麦克伦南 |
| Macbeth | 麦克佩斯（或译麦克白） |
| Madagascar | 马达加斯加 |
| Magic | 巫术 |
| Males bands of | 男子间的联结纽带 |

| | |
|---|---|
| Mana | 曼纳 |
| Manism | 祖先崇拜 |
| Maori | 毛利人 |
| Maori, APakeha | 毛利族白种人 |
| Marett, R.R. | R.R. 马雷特 |
| Marillier, L. | L. 马里耶 |
| Mariner, W. | W. 马里纳 |
| Masai | 马赛人 |
| Masturbation, prohibition of | 手淫禁忌 |
| Matriarchy | 母权制 |
| Mauss, M. | M. 莫斯 |
| Max-Müller, F. | F. 马克斯－缪勒 |
| Mekeo | 麦克奥（英属新几内亚）地区 |
| Mithras | 密特拉神 |
| Monumbo | 莫农博人 |
| Mother Earth | 大地母神 |
| Mother-goddesses | 母神 |
| Mother-in-law | 岳母 |
| Morgan, L.H. | L.H. 岸尔根 |
| Motumotu | 莫图莫图人 |
| Mourning and name taboo | 哀悼与姓名禁忌 |
| Moustier, M. | M. 穆斯蒂尔 |

| | |
|---|---|
| Müller, S. | S. 缪勒 |

## N

| | |
|---|---|
| Nandi | 南迪人 |
| Narcissism | 自恋 |
| Natchez | 纳切斯人 |
| Necessity and cultural products | 必需品与文化产品 |
| New Britain | 新不列颠岛 |
| New Caledonia | 新喀里多尼亚 |
| New Guinea | 新几内亚岛 |
| New Hebrides | 新赫布里底群岛 |
| New Mecklenburg | 新伦克伦堡 |
| New mexico | 新墨西哥州 |
| New SouthWales | 新南威尔士州 |
| Nicobar Islands | 尼科巴群岛 |
| Nilus, st. | 圣尼鲁斯 |
| Niue | 纽埃岛 |
| Noa | 诺亚 |
| Norwich | 诺里奇 |
| Nuba | 努巴人 |
| Nuclear Complex of neurosis | 神经症的核心情结 |

## O

| | |
|---|---|
| Obedience, deferred | 延迟性服从 |
| Obsessionalneurosis; and conscience | 延迟性神经症和良心 |
|   and omnipotence of thoughts | 强迫性神经症和思想全能 |
|   and sense of guilt | 强迫性神经症和罪感 |
|   and taboo compared | 强迫性神经症与禁忌的比较 |
| Obsessional prohibitions | 强迫性禁忌 |
|   displacement of | 强迫性禁忌的移置作用 |
|   lacking in motive | 缺乏动机的强迫性禁忌 |
| Obsessive acts | 强迫性行为 |
| Obsessive self-reproach | 强迫性自我谴责 |
| Oedipus | 俄狄浦斯 |
| Oedipus complex | 俄狄浦斯情结 |
| Omnipotence of thoughts: and art | 思想全能与艺术 |
| origin of term | 思想全能概念的起源 |
| Orpheus | 俄耳浦斯（奥菲士） |
| Osage | 奥萨格人 |
| Ouataouak (Otawa) | 奥塔瓦人 |

## P

| | |
|---|---|
| Palawan | 巴拉望岛 |

| | |
|---|---|
| Paloo | 帕卢人 |
| Paraguay | 巴拉圭 |
| Paranoia | 妄想狂，偏执狂 |
| Parkinson, R. | R. 帕金森 |
| Paulitschke, P. | P. 保利奇克 |
| Peckel, P.G. | P.G. 佩克尔 |
| Persecution delusions | 迫害性幻想症 |
| Philippine Islands | 菲律宾群岛 |
| Phobias | 恐惧（怖）症 |
| Phratries | 胞族 |
| Pikler, J. | J. 皮克勒 |
| Pima | 皮马人 |
| Pliny | 普林尼 |
| Port Patteson | 帕特森港 |
| Prohibitions and underlying desires | 禁忌与潜藏性欲望 |
| Projection | 投射 |
| Psychical reality and sense of guilt | 心理现实与罪感 |
| Puberty ceremonies and avoidances | 成人礼与回避 |
| Purification ceremonies | 净化仪式 |

## R

| | |
|---|---|
| Ra | 拉（古埃及人类崇拜的太阳神） |
| Rain magic | 祈雨巫术 |
| Rank, O. | O. 兰克 |
| Razors, in a neurosis | 一个神经症病例中的剃须刀 |
| Reinach, S. | S. 雷纳克 |
| Reincarnation theory of Arunta | 阿龙塔人的转世轮回说 |
| Reitler, R. | R. 赖特勒 |
| Renunciation | 自我克制，克己 |
| Repression | 压抑（制） |
| Restrictions upon a victorious slayer | 对凯旋的杀人者施行的禁制 |
| Ribbe, C. | C. 里伯 |
| Richard Ⅲ | 查理三世 |
| Rivers, W.H.R. | W.H.R. 里弗斯 |
| Roth, H.Ling | H.L. 罗思 |
| Rulers | 统治者 |

## S

| | |
|---|---|
| Sacrifice | 献祭，牺牲 |
| Sacrificial meal | 献祭仪式中的共餐 |
| Samoyeds | 萨莫耶德人 |

| | |
|---|---|
| Sancho Panza | 桑丘·潘沙（《堂吉诃德》中的人物） |
| Sarawak | 沙劳越（州） |
| Savage，Dr | 萨维奇博士 |
| Savage Island | 萨维奇岛（即纽埃[Niue]岛） |
| Schelling | 谢林 |
| SChopenhauer | 叔本华 |
| Schreber，D.P. | D.P. 施冒伯 |
| Scrofula | 淋巴结核 |
| Secondary revision and construction of systems | 体系的次级修正与建构 |
| Shark Point | 鲨鱼角 |
| Shuswap | 舒斯瓦普人 |
| Siberia | 西伯利亚 |
| Sierra Leone | 塞拉利昂 |
| Silberer，H. | H. 西尔贝雷 |
| Smith，W.Robertson | 罗伯逊·W. 史密斯 |
| Social instincts | 社会本能 |
| Solomon Islands | 所罗门群岛 |
| Somló，F. | F. 索姆罗 |
| Sophocles | 索福克勒斯 |
| Sorcery and magic | 魔法与巫术 |
| Spencer，H. | H. 斯宾塞 |

| | |
|---|---|
| Spirits: and the unconscious | 精灵与潜意识 |
| Stekel, W. | W. 斯特克尔 |
| Storfer, A.J. | A.J. 斯托弗 |
| Sully, J. | J. 萨利 |
| Sumatra | 苏门答腊（岛） |
| Superstition | 迷信 |
| System-formation and secondary revision | 体系形成与次级修正 |

## T

| | |
|---|---|
| Taboo | 塔布（禁忌） |
| and conscience | 塔布与良心 |
| and enemies | 塔布与敌人 |
| and magic or demonic power | 塔布与魔力 |
| and obsessional neurosis | 塔布与强迫性神经症 |
| and penal systems | 塔布与刑罚制度 |
| and symptomatic acts | 塔布与症状性行为 |
| classification of | 塔布的分类 |
| meaning of | 塔布的意义 |
| object of | 塔布的对象 |
| on names | 关于姓名的塔布 |
| on rules | 关于统治者的塔布 |
| on thedead | 关于死者的塔布 |

| | | |
|---|---|---|
| | on widows | 关于寡妇的塔布 |
| | origin of | 塔布的起源 |
| | punishment for violation of | 对违背禁忌的惩罚 |
| | sacred and unclean | 塔布的神圣性和不洁性 |
| | sickness | 禁忌证 |
| | transmissibility of | 塔布的可传递（染）性 |
| | Wundt's account of | 冯特对塔布的论述 |
| Talion, law of | | 以牙还牙复仇律（同态复仇法） |
| Tammuz | | 塔穆兹 |
| Tasmania | | 塔斯马尼亚岛 |
| Ta-ta-thi | | 塔塔蒂人 |
| Taylor, R. | | R. 泰勒 |
| Teit, J.A. | | J.A. 提特 |
| Temptation to imitate | | 模仿的诱惑 |
| Thomas, N.W. | | N.W. 托马斯 |
| Timmes | | 提姆人 |
| Timor | | 帝汶岛 |
| Tinguiane | | 廷吉安人 |
| Titans | | 泰坦（提坦）诸神 |
| Toaripi | | 托亚里皮人 |
| Toda | | 托达人 |
| Tonga | | 通加 |

| Totem | 图腾 |
| --- | --- |
|     ancestor of the clan | 作为氏族祖先的图腾 |
|     and blood-relationships | 图腾与血缘关系 |
|     clan | 图腾氏族 |
|     definition of | 图腾的定义 |
|     eating of prohibited | 禁食图腾的禁忌 |
| Frazer's account of | 弗雷泽对图腾的论述 |
| individual | 个体图腾 |
| inheritance of | 图腾的传承 |
| kangaroo and Emu | 袋鼠图腾与鸸鹋图腾 |
| killing of prohibited | 禁止杀害图腾的禁忌 |
| sex | 性图腾 |
| Totem animal | 图腾动物 |
|     father substitute | 作为父亲替代者的图腾动物 |
|     identification with | 与图腾动物的认同作用 |
| Totem meal | 图腾餐 |
| Totemic festival | 图腾庆典（节日） |
| Totemic religion and the sense of guilt | 图腾宗教与罪感 |
| Totemism: countries in which found | 发现有图腾崇拜的国家 |
|     essential characteristics of | 图腾崇拜的本质特征 |
|     nominalist theories | 关于图腾崇拜的唯名论学说 |